Meilė:
Įstatymo įvykdymas

Dr. Džeirokas Li

Meilė: Įstatymo įvykdymas: Dr. Džeirokas Li
Leidykla: Urim Books (Atstovas: Sungnam Vin)
73, Yeouidaebang-ro 22-gil, Dong-jak gu rajone, Seulas, Korėja
www.urimbooks.com

Visos teisės saugomos. Šios knygos ar jos dalių panaudojimas bet kokia forma, saugoma paieškos sistemoje, arba perduodama bet kokia forma ir bet kokiomis priemonėmis (elektroninėmis, mechaninėmis, fotokopijų, įrašų ar kitu) be išankstinio leidėjo sutikimo yra draudžiamas.

Autorinės teisės © 2020 Dr. Džeirokas Li
ISBN: 979-11-263-0571-1 03230
Vertimo autorinės teisės © 2012 Dr. Ester K. Čung. Naudojama pagal leidimą.

2002 m. išleista „Urim Books" korėjiečių kalba

Pirmasis leidimas 2020 m. Vasaris mėn.

Sebelumnya diterbitkan dalam bahasa Korea tahun 2009 oleh Urim Books di Seoul, Korea

Redagavo Dr. Gym-sun Vin
Dizainas: Editorial Bureau of Urim Books
Spaustuvė: Yewon Printing Company
Daugiau informacijos: urimbook@hotmail.com

*„Meilė nedaro nieko pikta artimui.
Taigi meilė – įstatymo įvykdymas."*

Laiškas romiečiams 13, 10

Įžanga

Viliuosi, kad skaitytojai pasieks Naująją Jeruzalę, išsiugdę dvasinę meilę.

Viena reklamos bendrovė Jungtinėje Karalystėje surengė viktoriną, klausdama, kaip greičiausiai nukeliauti iš Edinburgo Škotijoje, į Londoną Anglijoje, ir paskyrė didelį apdovanojimą už teisingiausią atsakymą. Geriausiu buvo pripažintas atsakymas: „keliauti su mylimu žmogumi". Keliaujant su mylimais žmonėmis, net ilgas kelias atrodo trumpas. Taip pat, jeigu mylime Dievą, mums nesunku vykdyti Jo žodį (Jono pirmas laiškas 5, 3). Dievas davė mums Įstatymą ir liepė vykdyti Jo įsakymus ne tam, kad apsunkintų mūsų gyvenimą.

Žodis „Įstatymas", hebrajiškai „Tora", reiškia nurodymus ir mokymą. Tora paprastai vadinama Penkiaknygė, kurioje yra Dešimt Dievo įsakymų, bet Įstatymas įtraukia visas 66 Biblijos knygas, kuriose Dievas sako mums, ką daryti ir ko nedaryti, ką atmesti ir ko laikytis. Žmonės gali manyti, kad Įstatymas ir meilė neturi nieko bendra, bet jie yra neatskiriami. Meilė priklauso Dievui, ir be mylinčio Dievo mes negalime įvykdyti viso Įstatymo. Įstatymas gali būti įvykdytas tik meile.

Vienas įvykis pasakoja apie meilės galią. Jaunas vyras patyrė avariją, skrisdamas virš dykumos mažu lėktuvu. Jo tėvas buvo labai turtingas ir pasamdė didelę gelbėtojų komandą sūnaus paieškai, bet viskas buvo veltui. Tuomet tėvas liepė išbarstyti virš dykumos milijonus lapelių su užrašu: „Sūnau, aš myliu tave." Sūnus, klaidžiodamas dykumoje, atrado vieną lapelį, įgavo drąsos nepasiduoti nevilčiai ir galiausiai buvo išgelbėtas. Tikra tėvo meilė išgelbėjo sūnų. Kaip tėvas paskleidė lapelius visoje dykumoje, mes taip pat turime pareigą skelbti Dievo meilę visiems žmonėms.

Dievas įrodė savo meilę, atsiųsdamas savo vienatinį Sūnų Jėzų į šią žemę išgelbėti puolusią žmoniją. Tačiau Įstatymo aiškintojai Jėzaus laikais gilinosi tik į smulkmenas ir nesuprato tikrosios Dievo meilės. Galiausiai jie pasmerkė vienatinį Dievo Sūnų Jėzų, apkaltino Jį piktžodžiavimu, Įstatymo laužymu ir nužudė ant kryžiaus. Jie nesuprato Dievo meilės, įrašytos Įstatyme.

VIII

Meilė: Įstatymo įvykdymas

Pirmo laiško korintiečiams 13-ame skyriuje yra puikus dvasinės meilės aprašymas. Jis pasakoja Dievo meilę – Jis atsiuntė savo viengimį Sūnų išgelbėti mus, pasmerktus mirčiai dėl savo nuodėmių meilę, ir Viešpaties meilę – Jis taip mylėjo mus, kad paliko visą dangaus šlovę ir numirė ant kryžiaus. Jeigu norime atnešti Dievo meilę daugybei žūstančių sielų šiame pasaulyje, turime suprasti dvasinę meilę ir gyventi ja.

„Aš jums duodu naują įsakymą, kad jūs vienas kitą mylėtumėte; kaip aš jus mylėjau, kad ir jūs taip mylėtumėte vienas kitą! Iš to visi pažins, kad esate mano mokiniai, jei mylėsite vieni kitus" (Evangelija pagal Joną 13, 34-35).

Ši knyga išleista tam, kad skaitytojai galėtų pasitikrinti, kiek dvasinės meilės išsiugdė ir pasikeitė, priėmę tiesą. Dėkoju Geumsun Vin, vyriausiajai redaktorei, ir tikiuosi, kad visi skaitytojai meile įvykdys Įstatymą ir galiausiai apsigyvens Naujojoje Jeruzalėje, nuostabiausioje iš visų dangaus buveinių.

Džeirokas Li

X

Meilė: Įstatymo įvykdymas

Pratarmė

Tikiuosi, kad Dievo tiesa pakeis skaitytojus per tobulosios meilės ugdymą.

Vienas TV kanalas atliko ištekėjusių moterų apklausą, norėdamas sužinoti, ar jos pasirinktų tą patį sutuoktinį, jei galėtų rinktis vyrą iš naujo. Rezultatai buvo labai netikėti. Tik keturi procentai moterų norėjo pasirinkti tą patį vyrą. Turbūt dauguma jų ištekėjo iš meilės, kodėl jų nuomonė taip pasikeitė? Todėl, kad jos neturėjo dvasinės meilės. Knyga „*Meilė: Įstatymo įvykdymas*" moko mus dvasinės meilės.

1 dalis „Meilės reikšmė" apžvelgia įvairias meilės formas: tarp vyro ir žmonos, tėvų ir vaikų, draugų ir kaimynų bei padeda suprasti skirtumą tarp kūniškos ir dvasinės meilės. Dvasinė meilė – tai ištikimai mylėti kitą asmenį ir nenorėti nieko mainais. Kūniška meilė keičiasi skirtingose situacijose ir aplinkybėse, todėl dvasinė meilė yra brangi ir graži.

2 dalis „Meilės skyrius" suskirsto Pirmo laiško korintiečiams 13-ąjį skyrių į tris dalis. Pirmoji dalis „Meilė, kurios Dievas nori" (Pirmas laiškas korintiečiams 13, 1-3), yra skyriaus įvadas,

pabrėžiantis dvasinės meilės svarbą. Antroji dalis „Meilės savybės" (Pirmas laiškas korintiečiams 13, 4-7) yra pagrindinė „Meilės skyriaus" dalis, pasakojanti apie 15 dvasinės meilės savybių. Trečioji dalis „Tobuloji meilė" yra „Meilės skyriaus" pabaiga, sakanti, kad tikėjimas ir viltis yra reikalingi laikinai, keliaujant į dangaus karalystę mūsų žemiškojo gyvenimo metu, bet meilė išlieka amžinai, net ir dangaus karalystėje.

3 dalis „Meilė yra Įstatymo įvykdymas" paaiškina, kaip meile įvykdyti Įstatymą, ir pasakoja apie šioje žemėje žmones ugdančio Dievo bei Kristaus, atvėrusio mums išganymo kelią, meilę.

„Meilės skyrius" yra tik vienas iš 1189 Biblijos skyrių, bet jis yra kaip žemėlapis, rodantis, kur rasti lobį, nes veda mus keliu į Naująją Jeruzalę. Net žemėlapio turėjimas ir kelio žinojimas neduos jokios naudos, jeigu mes neisime tuo keliu – neugdysime savyje dvasinės meilės.

Dievui patinka dvasinė meilė, ir mes įgyjame ją girdėdami ir vykdydami Dievo Žodį, kuris yra Tiesa. Kai įgyjame dvasinę meilę, galime priimti Dievo meilę ir palaiminimus bei galiausiai įžengti į Naująją Jeruzalę, nuostabiausią dangaus buveinę. Meilė yra galutinis Dievo tikslas žmonijos sukūrime ir ugdyme. Meldžiuosi, kad visi skaitytojai labiausiai mylėtų Dievų ir savo artimą kaip save patį, kad gautų raktus nuo perlų vartų į Naująją Jeruzalę.

Geumsun Vin
Vyriausioji redaktorė

Turinys ~ *Meilė: Įstatymo įvykdymas*

Įžanga · VII

Pratarmė · XI

1 dalis Meilės reikšmė

   1 skyrius: Dvasinė meilė · 2

   2 skyrius: Kūniška meilė · 10

2 dalis Meilės skyrius

   1 skyrius: Meilė, kurios Dievas nori · 22

   2 skyrius: Meilės savybės · 36

   3 skyrius: Tobuloji meilė · 134

3 dalis Meilė yra įstatymo įvykdymas

   1 skyrius: Dievo meilė · 144

   2 skyrius: Kristaus meilė · 154

Meilės reikšmė

„Jei mylite tuos, kurie jus myli,

tai koks čia jūsų nuopelnas?

Juk ir nusidėjėliai myli juos mylinčius."

Evangelija pagal Luką 6, 32

1 dalis
Meilės reikšmė

1 skyrius : Dvasinė meilė

2 skyrius : Kūniška meilė

Dvasinė meilė

„Mylimieji, mylėkime vieni kitus,
nes meilė yra iš Dievo, ir kiekvienas,
kuris myli, yra gimęs iš Dievo ir pažįsta Dievą.
Kas nemyli, tas nepažino Dievo,
nes Dievas yra meilė."
Jono pirmas laiškas 4, 7-8

Tik išgirdus žodį „meilė", mūsų širdys ima smarkiau plakti, ir mintys pradeda skrajoti. Jeigu mes mylime ką nors ir dalinamės tikra meile visą gyvenimą, mūsų gyvenimas būna kupinas neapsakomos laimės. Kartais girdime apie žmones, įveikusius pačią mirtį ir padariusius savo gyvenimą nuostabų meilės galia. Meilė yra būtina laimingam gyvenimui ir turi didžiulę galią, kuri keičia mūsų gyvenimą.

Lietuvių kalbos žodynas apibrėžia meilę kaip „stipraus traukimo prie kitos lyties asmens jausmą" arba „prisirišimo, atsidavimo jausmą kam nors". Tačiau Dievas kalba apie aukštesnio laipsnio meilę – tai dvasinė meilė. Dvasinė meilė siekia kitų naudos, ji dovanoja jiems džiaugsmą, viltį, gyvybę ir niekada nesikeičia. Dar daugiau, ji apdovanoja mus ne tik šiame laikiname, žemiškame gyvenime, bet veda mūsų sielas į išganymą ir suteikia mums amžinąjį gyvenimą.

Pasakojimas apie moterį, kuri atvedė savo vyrą į bažnyčią

Viena moteris buvo ištikima krikščionė, bet jos vyrui nepatiko, kad ji lanko bažnyčią, ir jis nuolatos jai priekaištavo. Nepaisydama sunkumų ji kasdien anksti rytą ėjo į maldos susirinkimą ir meldėsi už savo vyrą. Vieną dieną ji atėjo melstis ankstų rytą, atsinešusi savo vyro batus. Laikydama batus užantyje ji su ašaromis maldėsi: „Dieve, šiandien tik šie batai atėjo į bažnyčią, bet padaryk, kad kitą kartą ir jų savininkas ateitų į bažnyčią."

Po kurio laiko įvyko kai kas nuostabaus. Jos vyras atėjo į bažnyčią. O buvo taip: nuo tam tikro laiko vyras, išeidamas į darbą, ėmė jausti, kad jo batai šilti. Vieną rytą anksčiau nubudęs jis pamatė, kad žmona kažkur išeina, nešina jo batais, ir pasekė ją. Ji nuėjo į bažnyčią. Jis supyko, bet vis tiek nepajėgė įveikti savo smalsumo. Jis norėjo sužinoti, ką ji daro bažnyčioje su jo batais. Kai jis tyliai įėjo į bažnyčią, žmona meldėsi, priglaudusi jo batus prie savo krūtinės. Vyras išgirdo maldą, kurios kiekvienas žodis linkėjo jam gero ir laimino jį. Jo širdis susigraudino, ir jis labai gailėjosi dėl savo elgesio su žmona. Galiausiai žmonos meilė nuginklavo vyrą, ir jis tapo pamaldžiu krikščioniu.

Daugumo žmonų tokiose aplinkybėse prašo manęs melstis už jas, sakydamos: „Mano vyras priekaištauja man už bažnyčios lankymą. Prašau pasimelsti, kad jis liautųsi mane persekiojęs." Tačiau aš atsakau: „Nedelsdama siek pašventinimo ir tapk dvasiniu žmogumi. Tai vienintelis kelias į tavo problemos sprendimą." Jos suteiks savo vyrams tiek dvasinės meilės, kiek atmes savo nuodėmes ir pačios taps dvasiniais žmonėmis. Koks vyras pyks ant žmonos, kuri aukojasi dėl jo ir iš visos širdies jam tarnauja? Anksčiau žmona vertė visą kaltą savo vyrui, bet tiesos pakeista ji pripažins, kad pati yra kalta ir nusižemins. Kai dvasinė šviesa išsklaidys tamsą, jos vyras taip pat galės pasikeisti. Kas meldžiasi už žmogų, kuris apsunkina jam gyvenimą? Kas aukojasi dėl piktų artimųjų ir dovanoja jiems tikrą meilę? Dievo vaikai, išmokę tikros meilės iš Viešpaties, dovanoja ją kitiems.

Dovydo ir Jehonatano nekintanti meilė ir draugystė

Jehonatanas buvo Sauliaus, pirmojo Izraelio karaliaus, sūnus. Kai pamatė, kaip Dovydas nugalėjo filistinų milžiną Galijotą svaidykle ir akmeniu, jis suprato, kad Dovydas buvo karys, ant kurio nužengė Dievo dvasia. Būdamas kariuomenės generolu Jehonatanas susižavėjo Dovydo narsumu. Nuo to laiko Jehonatanas mylėjo Dovydą kaip save, ir jie užmezgė labai tvirtą draugystės ryšį. Jehonatanas taip mylėjo Dovydą, kad nieko jam negailėjo.

Dovydui kalbantis su Sauliumi, Jehonatano širdis prisirišo prie Dovydo širdies. Pamilo Jehonatanas jį kaip save patį. Saulius paėmė jį į savo tarnybą tą dieną ir nenorėjo leisti jam grįžti į tėvo namus. O Jehonatanas sudarė sandorą su Dovydu, nes pamilo jį kaip save patį. Jehonatanas nusiėmė skraistę ir drabužius, kuriuos dėvėjo, ir atidavė juos Dovydui drauge su savo kalaviju, lanku ir diržu (Samuelio pirma knyga 18, 1-4).

Jehonatanas buvo sosto įpėdinis, pirmas karaliaus Sauliaus sūnus, ir lengvai galėjo neapkęsti Dovydo, nes pastarasis buvo žmonių labai mylimas, bet Jehonatanas neturėjo karaliaus titulo troškimo. Kai Saulius bandė nužudyti Dovydą, kad išsaugotų savo sostą, Jehonatanas rizikavo savo gyvybe, gelbėdamas Dovydą. Jo meilė nepasikeitė iki pat mirties. Kai Jehonatanas žuvo mūšyje prie Gilbojos kalno, Dovydas gedėjo, verkė ir pasninkavo iki vakaro.

Sielvartauju dėl tavęs, mano broli Jehonatanai! Be galo brangus tu man buvai, nuostabi man buvo tavo meilė, viršijanti moters meilę (Samuelio antra knyga 1, 26).

Tapęs karaliumi Dovydas surado Mefi Bošetą, vienintelį Jehonatano sūnų, sugrąžino jam visus Sauliaus turtus ir rūpinosi juo kaip savo sūnumi rūmuose (Samuelio antra knyga 9). Dvasinė meilė įgalina mylėti kitą asmenį visą gyvenimą, nesiekiant sau naudos ir net nuskriaudžiant save. Malonus elgesys su kitu, tikintis ko nors mainais, yra netikra meilė. Dvasinė meilė yra pasiaukojimas ir besąlygiškas atsidavimas kitiems iš tyrų paskatų.

Dievo ir Viešpaties nekintanti meilė mums

Dauguma žmonių patiria širdį veriantį skausmą dėl kūniškos meilės savo gyvenime. Kai išgyvename skausmą ir vienatvę dėl meilės nepastovumo, vienas asmuo paguodžia mus ir tampa draugu. Tai Viešpats. Nors Jis buvo nekaltas, žmonės paniekino ir atmetė Viešpatį (Izaijo knyga 53, 3), todėl Jis puikiai supranta mūsų širdis. Jis paliko dangaus šlovę ir nužengė į šią žemę eiti kančių keliu. Taip Jis tapo mūsų tikruoju guodėju ir draugu. Jis dovanojo mums tikrąją meilę iki mirties ant kryžiaus.

Prieš įtikėdamas į Dievą aš kentėjau nuo daugybės ligų ir patyriau baisų skausmą ir vienatvę visiškame skurde. Po septynerių ilgų sirgimo metų man tik liko tik paliegęs kūnas, nuolat auganti skola, žmonių panieka, vienatvė ir neviltis. Visi, kuriais pasitikėjau ir kuriuos mylėjau, paliko mane. Bet kai kas atėjo pas mane, kai jaučiausi visiškai vienas visoje visatoje. Tai buvo Dievas. Kai susitikau Dievą, akimirksniu buvau išgydytas iš visų savo ligų ir pradėjau naują gyvenimą. Dievas dovanojo man savo meilę. Ne aš pirmas pamilau Jį. Jis pirmas atėjo pas mane ir ištiesė man savo rankas. Kai pradėjau skaityti Bibliją, išgirdau Dievo prisipažinimą meilėje.

Ar gali moteris užmiršti savo mažylį, būti nešvelni savo įsčių sūnui? Net jeigu ji ir užmirštų, aš tavęs niekada neužmiršiu. Žiūrėk! Įrėžiau tavo vardą savo rankos delne; tavo mūrus nuolat turiu prieš akis (Izaijo knyga 49, 15-16).

O Dievo meilė pasireiškė mums tuo, jog Dievas atsiuntė į pasaulį savo viengimį Sūnų, kad mes gyventume per jį. Meilė – ne tai, jog mes pamilome Dievą, bet kad jis mus pamilo ir atsiuntė savo Sūnų kaip permaldavimą už mūsų nuodėmes (Jono pirmas laiškas 4, 9-10).

Dievas nepaliko manęs net tada, kai kankinausi be vilties, visų paliktas. Kai pajutau Jo meilę, negalėjau sulaikyti ašarų. Jutau, kad Dievo meilė tikra, nes buvau iškentęs daug skausmo. Dabar tapau pastoriumi, Dievo tarnu, kad paguosčiau žmonių širdis ir atsilyginčiau už Dievo man suteiktą malonę.

Dievas yra meilė. Jis atsiuntė savo viengimį Sūnų Jėzų į šią žemę dėl mūsų – nusidėjėlių. Jis laukia, kad ateitume į dangaus karalystę, kur jis paruošė daug nuostabių ir brangių dalykų. Visi pajunta begalinę Dievo meilę, jeigu nors truputį atveria savo širdį.

Jo neregimosios ypatybės – jo amžinoji galybė ir dievystė – nuo pat pasaulio sukūrimo įžvelgiamos protu iš jo kūrinių, taigi jie nepateisinami (Laiškas romiečiams 1, 20).

Ar pagalvojate apie nuostabią gamtą? Mėlynas dangus, skaidri jūra, medžiai ir visi augalai yra Dievo sukurti mums, kad gyvendami šioje žemėje viltumėmės dangaus karalystės, kol į ją pateksime.

Jūros bangų ošimu, žvaigždžių mirgėjimu, didelių krioklių šniokštimu ir švelniu vėjo dvelkimu Dievas sako: „Aš myliu tave." Jeigu esame mylinčio Dievo vaikai, kokia turi būti mūsų meilė? Amžina ir tikra, ne trumpalaikė meilė, išgaruojanti, kai tampa nenaudinga.

Kūniška meilė

*„Jei mylite tuos, kurie jus myli,
tai koks čia jūsų nuopelnas?
Juk ir nusidėjėliai myli juos mylinčius."*
Evangelija pagal Luką 6, 32

Žmogus stovi ant Galilėjos jūros kranto prieš didžiulę minią. Mėlyni jūros raibuliai, atrodo, šoka už Jo, švelniam vėjui pučiant. Visi žmonės susirinko pasiklausyti Jo žodžių. Kai daugybė žmonių susėdo ant nedidelės kalvos, Jis švelniu, tačiau ryžtingu balsu sakė jiems tapti pasaulio šviesa bei druska ir mylėti savo priešus.

Jei mylite tik tuos, kurie jus myli, tai kokį atlygį gausite? Argi taip nesielgia ir muitininkai?! Ir jeigu sveikinate tiktai savo brolius, tai kuo gi viršijate kitus? Argi to nedaro ir pagonys?! (Evangelija pagal Matą 5, 46-47).

Kaip Jėzus sakė, netikintieji ir net pikti žmonės gali parodyti meilę tiems, kurie jiems yra geri arba naudingi. Netikra meilė išoriškai atrodo gera, bet jos vidus melagingas. Tai kūniška meilė, kuri keičiasi, laikui bėgant, nutrūksta ir išgaruoja net dėl smulkmenų.

Kūniška meilė gali pasikeisti bet kurią akimirką, laikui bėgant. Jeigu padėtis ar sąlygos pasikeičia, kūniška meilė taip pat keičiasi. Žmonės dažnai keičia savo nuostatas pagal gaunamą naudą. Žmonės duoda, tik pirma gavę iš kitų, arba, kai davimas naudingas jiems patiems. Jeigu mes duodame ir norime tiek pat gauti mainais arba nusiviliame, kai kiti niekuo neatsilygina, mūsų meilė yra kūniška.

Tėvų ir vaikų meilė

Tėvų, kurie aukojasi dėl savo vaikų, meilė jaudina širdį. Tėvai nesako, kad buvo sunku iš visų jėgų rūpintis savo vaikais, nes myli juos. Paprastai tėvai trokšta duoti savo vaikams viską, kas geriausia, net jeigu tai reiškia, kad patys negalės gerai maitintis ir rengtis. Tačiau mylinčių savo vaikus tėvų širdžių gelmėse vis tiek glūdi savo naudos siekimas.

Jeigu jie tikrai myli savo vaikus, turi būti pasiruošę atiduoti net savo gyvybę, nenorėdami nieko mainais. Tačiau iš tiesų daug tėvų augina vaikus savo naudai ir garbei. Jie pareiškia: „Sakau tai tavo labui," bet iš tiesų stengiasi kontroliuoti savo vaikus, kad patenkintų savo garbės troškimą arba turėtų piniginės naudos. Kai vaikai pasirenka karjerą arba susituokia, ir jų sutuoktinis nepatinka tėvams, pastarieji labai priešinasi ir nusivilia. Tai įrodo, kad jų atsidavimas ir pasiaukojimas vaikams buvo lydimi sąlygų. Jie stengiasi gauti, ko nori, per savo vaikus, mainais į parodytą meilę.

Vaikų meilė paprastai daug mažesnė negu tėvų. Korėjiečių priežodis byloja: „Jeigu tėvai ilgai serga, visi vaikai juos palieka." Jeigu seni tėvai serga ir neturi vilties pasveikti, o vaikams reikia jais rūpintis, vaikams būna labai sunku susidoroti su pareigomis. Būdami maži jie sakydavo: „Aš niekada nesituoksiu ir visada gyvensiu su jumis, mama ir tėti." Jie iš tikrųjų galvoja, kad nori gyventi su tėvais visą gyvenimą. Tačiau augdami jie vis mažiau domisi savo tėvais ir nori gyventi savarankiškai. Šiais laikais žmonių širdys taip atbukę nuo nuodėmių, ir pyktis taip paplitęs, kad kartais tėvai nužudo savo vaikus arba vaikai tėvus.

Vyro ir žmonos meilė

O kaip sutuoktinių meilė? Prieš santuoką jie sako vienas kitam pačius maloniausius žodžius: „Aš negaliu gyventi be tavęs. Aš mylėsiu tave amžinai." Bet kas atsitinka po vestuvių? Jie ima nekęsti vienas kito ir pareiškia: „Tu sugadinai man gyvenimą. Tu apgavai mane."

Anksčiau jie prisipažinėjo vienas kitam meilėje, bet susituokę dažnai prabyla apie skyrybas, nes mano, kad jų socialinė kilmė, išsilavinimas arba charakteriai yra nesuderinami. Jeigu vyrui nepatinka žmonos paruoštas maistas, jis sako: „Kas čia per maistas? Nėra ko valgyti!" Jeigu vyras nepakankamai uždirba, žmona dažnai graužia jį: „Vienos mano draugės vyras tapo direktoriumi, o kitos – viršininku... Kada tu būsi paaukštintas... Mano draugės namas didesnis, vyras jai nupirko naują automobilį, o kaip mes? Kada turėsime geresnių daiktų?"

Šeiminio smurto statistika Korėjoje byloja, kad beveik pusė sutuoktinių porų naudoja smurtą vienas prieš kitą. Labai daug sutuoktinių praranda turėtą meilę, ima nekęsti vienas kito ir kivirčijasi. Mūsų laikais kai kurie sutuoktiniai išsiskiria net medaus mėnesio metu! Vidutinis laikotarpis nuo vestuvių iki skyrybų taip pat trumpėja. Jie galvojo, kad labai myli vienas kitą, bet gyvendami kartu pamato vienas kito neigiamas savybes. Jų mąstymas ir skoniai yra skirtingi, todėl jie nuolatos konfliktuoja dėl įvairių smulkmenų. Kai jie taip elgiasi, visi jų jausmai, kuriuos jie laikė meile, atvėsta.

Net neturėdami didelių problemų vienas su kitu jie nusibosta vienas kitam, ir jų meilės jausmai atvėsta, laikui bėgant. Paskui jie nukreipia akis į kitus vyrus ar moteris. Vyras nusivilia žmona, kuri rytais būna susivėlusi, sensta, priauga svorio ir nebeatrodo žavinga. Meilė turi augti, laikui bėgant, bet dažniausiai būna priešingai. Galų gale visi pokyčiai juose įrodo, kad jų meilė buvo kūniška, siekianti savo naudos.

Brolių meilė

Broliai ir seserys, turintys tuos pačius tėvus ir augę kartu, turi būti artimesni vieni kitiems, negu ne giminaičiams. Jie gali pasikliauti vienas kitu, nes daug kuo dalinosi ir mokėsi mylėti vienas kitą. Tačiau kai kurie vaikai konkuruoja tarpusavyje ir pavydi broliams ir seserims.

Pirmagimiams dažnai atrodo, kad jiems priklausanti tėvų meilė atitenka jaunesniems broliams ir seserims. Antrasis vaikas gali jaustis menkesnis už savo vyresnį brolį ar vyresnę seserį. Turintieji vyresnių ir jaunesnių brolių ir seserų, kartais jaučiasi menkesni už vyresnius ir nepatenkinti, kad turi rūpintis jaunesniaisiais. Jie gali pasijusti aukomis dėl nepakankamo tėvų dėmesio. Jeigu broliai ir seserys deramai nesusidoroja su šiais jausmais, dažniausiai jų tarpusavio santykiai būna blogi.

Pirmoji žmogžudystė žmonijos istorijoje taip pat įvyko tarp brolių. Jos priežastis buvo Kaino pavydas jaunesniam broliui Abeliui dėl Dievo palaiminimų. Nuo to laiko žmonijos istorijoje visada buvo nesutarimų ir kivirčų tarp brolių ir seserų. Juozapas buvo brolių nekenčiamas, jie pardavė jį į vergiją egiptiečiams. Dovydo sūnus Absalomas vienam iš savo tarnų liepė nužudyti jo brolį Amnoną. Šiandien daug brolių seserų kovoja tarpusavyje dėl tėvų paliktų pinigų. Jie tampa priešais.

Tačiau net ne tokiais rimtais atvejais sukūrę savo šeimas jie nebegali skirti broliams ir seserims tiek dėmesio kiek anksčiau. Aš buvau jauniausias iš šešių brolių ir seserų. Broliai ir seserys labai mylėjo mane, bet kai aš septynerius metus įvairių ligų buvau prirakintas prie patalo, padėtis pasikeitė. Tapau jiems vis sunkesne našta. Jie bandė išgydyti mano ligas, bet kai atrodė, kad vilties nebėra, pradėjo nusigręžti nuo manęs.

Kaimynų meilė

Korėjiečiai turi priežodį „kaimynai-giminaičiai". Jis reiškia, kad mūsų kaimynai yra artimi kaip šeimos nariai. Kai praeityje dauguma žmonių dirbo žemę, kaimynai buvo labai brangūs žmonės ir padėdavo vieni kitiems. Tačiau dabar šis posakis vis labiau tolsta nuo tiesos. Šiais laikas daugelio namų durys užrakintos kaimynams. Mes įsirengėme sudėtingas apsaugos sistemas. Žmonės net nepažįsta artimiausių kaimynų.

Jie nesirūpina kitais ir net nenori sužinoti, kas yra jų kaimynai. Jie rūpinasi tik savimi, ir tik artimiausi giminės jiems svarbūs. Kaimynai nepasitiki vieni kitais. Jeigu jiems atrodo, kad kaimynai kelia kokių nors nepatogumų ar daro žalos, jie nedvejodami bando juos išvaryti ir bylinėjasi teismuose. Šiandien daug žmonių kreipiasi į teismą dėl kaimynų nereikšmingų nusižengimų. Vienas net perdūrė peiliu virš jo gyvenantį kaimyną dėl keliamo triukšmo.

Draugų meilė

O kaip draugų meilė? Turbūt manote, kad tikras draugas visada bus jūsų pusėje, bet net tas, kurį laikote draugu, gali išduoti ir palikti jus sudaužyta širdimi.

Kartais žmogus paprašo savo draugų paskolinti jam didelę pinigų sumą arba tapti jo laiduotojais, nes jam gresia bankrotas. Jeigu draugai atsisako, jis pareiškia, kad jie išdavė jį, ir jis nebenori jų matyti. Tačiau kas čia elgiasi neteisingai? Jeigu tikrai mylite savo draugą, jūs negalite sukelti jam jokio skausmo. Jeigu jums gresia bankrotas, ir jūsų draugai laiduoja už jus, jie ir jų šeimos nariai gali nukentėti kartu su jumis. Ar meilė gali įtraukti draugus į tokią riziką? Tai ne meilė. Bet šiandien tokie dalykai atsitinka gana dažnai. Be to, Dievo žodis draudžia mums skolintis, skolinti ar tapti kieno nors laiduotoju. Kai mes nepaklūstame Dievo žodžiui, daugeliu atveju prasideda šėtono darbai, ir visi juose dalyvaujantys patiria žalą.

Mano vaike, jei laidavai savo kaimynui, jei kitam už jį padavei ranką, esi susisaistęs savo lūpų pareiškimu, esi įkliuvęs per savo ištartą žodį (Patarlių knyga 6, 1-2).

Nebūk žmogumi, neapgalvotai sumušančiu rankas, vienu iš tų, kurie laiduoja už skolas (Patarlių knyga 22, 26).

Kai kas mano, kad išmintinga užmegzti draugystę su tais, iš kurių gali gauti naudos. Šiandien labai sunku surasti žmogų, kuris noriai aukotų savo laiką, pastangas ir pinigus su tikra meile savo kaimynams ir draugams.

Nuo vaikystės turėjau daug draugų. Prieš įtikėdamas į Dievą vertinau draugų ištikimybę kaip savo gyvenimą. Galvojau, kad mūsų draugystė truks amžinai, bet būdamas ilgą laiką prirakintas prie ligos patalo gerai supratau, kad draugų meilė pasikeitė pagal jų naudos siekį.

Iš pradžių draugai ieškojo gerų gydytojų ir liaudies medicinos priemonių, bet kai mano sveikata nė kiek nepagerėjo, jie vienas po kito paliko mane. Mano draugais liko tik sugėrovai ir lošimo partneriai. Net ir jie ateidavo pas mane ne iš meilės, bet tik todėl, kad jiems reikėjo vietos pobūviams. Jie iš kūniškos meilės sako, kad myli, bet greitai pamiršta draugus.

Kaip būtų gera, jei tėvai ir vaikai, broliai ir seserys, draugai ir kaimynai neieškotų savo naudos ir niekada nekeistų savo nusistatymo? Šiuo atveju jie turėtų dvasinę meilę. Bet dažniausiai jie neturi dvasinės meilės ir negali rasti džiaugsmo nesavanaudiškume. Jie siekia meilės iš savo šeimos narių ir juos supančių žmonių, bet taip elgdamiesi tik dar labiau trokšta meilės, kaip bandydami numalšinti troškulį jūros vandeniu.

Blezas Paskalis sakė, kad kiekvieno žmogaus širdyje yra tuštuma, kurią gali užpildyti tik Dievas Kūrėjas per savo Sūnų Jėzų Kristų. Mes nerandame tikro pasitenkinimo ir kenčiame nuo beprasmybės jausmo, kol Dievo meilė neužpildo tos tuštumos. Ar tai reiškia, kad šiame pasaulyje nėra dvasinės meilės, kuri niekada nesikeičia? Ne. Nors ir retai sutinkama, bet dvasinė meilė tikrai yra. Pirmo laiško korintiečiams 13-as skyrius labai aiškiai kalba apie tikrąją meilę.

Meilė kantri, meilė maloninga, ji nepavydi; meilė nesididžiuoja ir neišpuiksta. Ji nesielgia netinkamai, neieško sau naudos, nepasiduoda piktumui, pamiršta, kas buvo bloga, nesidžiaugia neteisybe, su džiaugsmu pritaria tiesai. Ji visa pakelia, visa tiki, viskuo viliasi ir visa ištveria (Pirmas laiškas korintiečiams 13, 4-7).

Dievas vadina tokią meilę dvasine ir tikrąja. Jeigu mes patiriame Dievo meilę ir keičiamės, pažinę tiesą, įgyjame dvasinę meilę. Turėdami dvasinę meilę mylime vienas kitą visa širdimi, ir mūsų meilė neblėsta, net jeigu ji nenaudinga ar net nuostolinga.

Dvasinės meilės patikrinimo būdai

Kai kurie žmonės klaidingai mano, kad myli Dievą. Norėdami pasitikrinti, kiek išsiugdėme tikrosios dvasinės meilės ir Dievo meilės, turime ištirti savo jausmus ir veiksmus išbandymuose ir sunkumuose. Galime pasitikrinti, kiek tikrosios meilės išsiugdėme pagal tai, ar tikrai džiaugiamės ir dėkojame iš širdies gelmių, ir ar nuolatos vykdome Dievo valią.

Jeigu skundžiamės ir piktinamės sunkumais, ieškome pasaulio pagalbos ir pasikliaujame žmonėmis, tai reiškia, kad neturime dvasinės meilės ir pažįstame Dievą tik protu, bet ne širdimi. Padirbtas banknotas atrodo kaip tikras pinigas, bet iš tiesų yra tik popieriaus lapelis. Taip ir meilė tik protu yra netikra. Ji neturi jokios vertės. Jeigu mūsų meilė Viešpačiui nesikeičia, ir mes pasikliaujame Dievu bet kokioje padėtyje ir sunkumuose, tada galime sakyti, kad išsiugdėme tikrąją meilę, kuri yra dvasinė.

„Taigi dabar pasilieka tikėjimas,

viltis ir meilė – šis trejetas,

bet didžiausia jame yra meilė."

Pirmas laiškas korintiečiams 13, 13

Meilės skyrius

2 dalis

Meilės skyrius

1 skyrius : Meilė, kurios Dievas nori

2 skyrius : Meilės savybės

3 skyrius : Tobuloji meilė

Meilė, kurios Dievas nori

„Jei kalbėčiau žmonių ir angelų kalbomis, bet neturėčiau meilės,
aš tebūčiau žvangantis varis ir skambantys cimbolai.
Ir jei turėčiau pranašystės dovaną ir pažinčiau visus slėpinius
ir visą mokslą, jei turėčiau visą tikėjimą,
kad galėčiau net kalnus kilnoti,
tačiau neturėčiau meilės, aš būčiau niekas.
Ir jei išdalyčiau vargšams visa, ką turiu,
jeigu atiduočiau savo kūną sudeginti,
bet neturėčiau meilės, nieko nelaimėčiau."
Pirmas laiškas korintiečiams 13, 1-3

Tai atsitiko našlaičių prieglaudoje, Pietų Afrikoje. Vaikai ėmė sirgti vienas po kito ir vis sunkiau, bet niekas negalėjo nustatyti jų sirgimo priežasties. Prieglaudos vadovai pasikvietė garsių gydytojų vaikų ligų diagnozavimui. Atlikę nuodugnų tyrimą gydytojai pasakė: „Kai vaikai atsibus rytais, apkabinkite juos ir parodykite jiems meilę dešimt minučių." Visų nuostabai ligos be priežasties pradėjo trauktis. Vaikams labiau už viską reikėjo meilės šilumos. Net jeigu mums nereikia rūpintis pragyvenimu ir gyvename pertekliuje, be meilės mes negalime turėti vilties ir noro gyventi. Galima sakyti, kad meilė yra svarbiausias veiksnys mūsų gyvenime.

Dvasinės meilės svarba

Pirmo laiško korintiečiams tryliktame skyrius, vadinamasis „Meilės skyrius", pirmiausia pabrėžia meilės svarbą ir tik paskui nuodugniai paaiškina dvasinę meilę. Jei mes kalbėtume žmonių ir angelų kalbomis, bet neturėtume meilės, tebūtume žvangantis varis ir skambantys cimbolai.

Žmonių kalbos čia reiškia ne meldimąsi kalbomis, vieną iš Šventosios dvasios dovanų, bet visas pasaulio kalbas: anglų, japonų, prancūzų, rusų ir taip toliau. Civilizacijos žinios yra susisteminamos ir perduodamos per kalbą, kalbos galia tikrai didžiulė. Kalba išreiškiame ir perduodame savo jausmus ir mintis, galime įtikinti žmones ir sujaudinti jiems širdį. Žmonių kalbos turi galią įkvėpti žmones ir pasiekti didelių tikslų.

Angelų kalbos reiškia gražius žodžius. Angelai yra dvasinės būtybės, simbolizuojančios grožį. Kai kas nors kalba gražius žodžius maloniu balsu, žmonės sako, kad jis kalba kaip angelas. Tačiau Dievas sako, kad net iškalbingiausi žmonių ir gražiausi angelų žodžiai be meilės yra tik žvangantis varis ir skambantys cimbolai (Pirmas laiškas korintiečiams 13, 1).

Iš tiesų, sudavus į didelį plieno ar vario monolitą, jis nuskleidžia stipraus garso. Jeigu varinis daiktas žvanga, tai reiškia, kad jis tuščiaviduris arba plonas ir lengvas. Cimbolai garsiai skamba todėl, kad jie padaryti iš plonos varinės skardos. Tas pats ir su žmonėmis. Mūsų vertė gali būti palyginta su subrendusiais kviečiais, palinkusiais nuo sunkių varpų, pilnų grūdų, kai mes tampame ištikimais Dievo sūnumis ir dukterimis, pripildę savo širdis meilės. Tie, kas neturi meilės yra kaip pelai. Kodėl?

Jono pirmame laiške 4, 7-8 parašyta: *„Mylimieji, mylėkime vieni kitus, nes meilė yra iš Dievo, ir kiekvienas, kuris myli, yra gimęs iš Dievo ir pažįsta Dievą. Kas nemyli, tas nepažino Dievo, nes Dievas yra meilė."* Kas nemyli, neturi nieko bendra su Dievu. Jie yra kaip pelai, neturintys grūdų.

Tokių žmonių iškalbingi ir gražūs žodžiai yra beverčiai, nes jie nesuteikia kitiems meilės ir gyvybės, bet yra nemalonūs klausytojams kaip žvangesys ar šaižus cimbolų skambėjimas todėl, kad jie tušti. Kita vertus, su meile tariami žodžiai turi nuostabią galią, kuri suteikia gyvybę. Jėzaus gyvenimas liudija apie tai.

Tikra meilė suteikia gyvybę

Vieną dieną, kai Jėzus mokė šventykloje, Rašto aiškintojai ir fariziejai atvedė moterį pas Jį. Ji buvo sugauta svetimaujanti. Atvedusių moterį Rašto aiškintojų ir fariziejų akyse nebuvo nė lašelio gailesčio. Jie paklausė: *"Mokytojau, ši moteris buvo nutverta svetimaujant. Mozė mums Įstatyme yra liepęs tokias užmušti akmenimis. O tu ką pasakysi?"* (Evangelija pagal Joną 8, 4-5).

Įstatymas Izraelyje buvo Šventasis Raštas ir Dievo Įstatymas. Jame parašyta, kad svetimautojos turi būti užmuštos akmenimis. Jeigu Jėzus pasakys, kad jie turi užmušti ją pagal Įstatymą, Jis prieštaraus savo mokymui mylėti net priešus. Jeigu sakys atleisti jai, Jis prieštaraus Įstatymui. Tai bus Dievo žodžio nepaisymas.

Rašto aiškintojai ir fariziejai didžiavosi savimi, manydami, kad dabar prirems Jėzų prie sienos. Puikiai pažindamas jų širdis Jėzus pasilenkė ir pirštu kažką rašė ant žemės. Paskui Jis atsitiesė ir tarė: *"Kas iš jūsų be nuodėmės, tegu pirmas sviedžia į ją akmenį"* (Evangelija pagal Joną 8, 7).

Kai Jėzus vėl pasilenkė ir rašė pirštu ant žemės, žmonės vienas po kito pasitraukė šalin, liko tik moteris ir Jėzus. Jėzus išgelbėjo šiai moteriai gyvybę, nenusižengdamas Įstatymui.

Atrodo, kad tai, ką sakė Rašto aiškintojai ir fariziejai, nebuvo neteisinga, nes jie pacitavo Dievo Įstatymą. Tačiau jų motyvai labai skyrėsi nuo Jėzaus. Jie stengėsi pakenkti kitiems, o Jėzus stengėsi išgelbėti sielas.

Jei turime gerą širdį kaip Jėzaus, mes meldžiamės ir galvojame, kokie žodžiai gali sustiprinti ir atvesti į tiesą kitus. Mes stengiamės suteikti gyvybę kiekvienu ištartu žodžiu. Kai kas stengiasi įtikinti kitus Dievo žodžiu arba pataisyti jų elgesį, rodydami jų ydas ir klaidas. Net jeigu jų žodžiai teisingi, jie negali pakeisti kitų žmonių ir suteikti jiems gyvybės, jeigu jie sakomi ne iš meilės. Todėl turime visada tikrinti save, kad kalbėtume ne iš savo teisumo ir nedėstytume šabloniškų minčių, bet iš meilės, kad suteiktume kitiems gyvybės. Ne meilikaujantys, bet kupini dvasinės meilės žodžiai gali tapti gyvybės vandeniu trokštančioms sieloms ir brangakmeniais, teikiančiais džiaugsmą ir paguodą kenčiančioms sieloms.

Pasiaukojantys meilės darbai

Paprastai pranašystės kalba apie ateities įvykius. Bibline prasme pranašauti reiškia priimti Dievo širdį, Šventosios Dvasios įkvėptam konkrečiam tikslui, ir kalbėti apie ateities įvykius. Pranašavimas negali vykti žmogaus valia. Petro antras laiškas 1, 21 sako: „ *...nes pranašystė niekuomet nėra atėjusi žmogaus valia, bet Šventosios Dvasios paakinti žmonės kalbėjo Dievo vardu.*" Pranašystės dovana nėra atsitiktinai duodama bet kam. Dievas neduoda šios dovanos žmogui, kuris netapo pašventintas, nes jis gali išpuikti.

Pranašystės dovana, kaip parašyta dvasinės meilės skyriuje, nėra duodama tik keliems ypatingiems žmonėms. Kiekvienas, kuris tiki į Jėzų Kristų ir pasilieka tiesoje, gali numatyti ateitį ir kalbėti apie ją. Kai Viešpats sugrįš ore, išganytieji bus pakelti į orą dalyvauti septynerius metus truksiančioje Vestuvių puotoje, o neišgelbėtieji septynerius metus kentės Didįjį suspaudimą šioje žemėje ir bus įmesti į pragarą po Paskutiniojo teismo prie didelio balto sosto.

Nors šia prasme visi Dievo vaikai turi pranašystės dovaną kalbėti apie ateities įvykius, ne visi jie turi dvasinę meilę. Galų gale, jeigu neišsiugdys dvasinės meilės, jie ieškos sau naudos, ir pranašystės dovana jiems niekuo nepadės. Ši dovana nesuteikia ir nepranoksta meilės.

Slėpinys nuo amžių pradžios buvo žodis apie kryžių (Pirmas laiškas korintiečiams 1, 18). Žodis apie kryžių yra žinia apie žmonijos išganymą, Dievo numatytą prieš amžių pradžią. Dievas žinojo, kad žmonės nusidės ir pasuks mirties keliu. Todėl Jis paruošė Jėzų Kristų tapti Išganytoju dar prieš laiko pradžią. Kol neatėjo laikas šiam numatytam įvykiui, Dievas laikė jį paslaptyje. Kodėl? Jeigu išganymo kelias būtų buvęs žinomas, jis būtų sugriautas dėl priešo velnio ir šėtono įsikišimo (Pirmas laiškas korintiečiams 2, 6-8). Priešas velnias ir šėtonas galvojo, kad amžinai turės valdžią, gautą iš Adomo, jei nužudys Jėzų, bet todėl, kad šėtonas sukurstė piktus žmones nužudyti Jėzų, išganymo kelias buvo atvertas! Tačiau net tokios didingos paslapties žinojimas nieko mums neduos, jeigu neturėsime dvasinės meilės.

Tas pats ir su pažinimu. *„Visas mokslas"* (Pirmas laiškas korintiečiams 13, 2) čia reiškia ne akademines studijas, bet Dievo tiesos pažinimą 66-ose Biblijos knygose. Kai sužinome apie Dievą iš Biblijos, turime asmeniškai susitikti su Juo, patirti Jį ir tikėti širdimi. Kitaip Dievo žodžio žinojimas liks tik informacija mūsų galvoje. Galime net netinkamai panaudoti šias žinias, pavyzdžiui, teisdami ir smerkdami kitus. Todėl žinios be dvasinės meilės mums visai nenaudingos.

Kas būtų, jeigu turėtume tikėjimą, galintį stumdyti kalnus? Didelio tikėjimo turėjimas nebūtinai reiškia, kad turime didelę meilę. Kodėl tikėjimo ir meilės dydis gali nesutapti? Tikėjimas gali augti, matant ženklus, stebuklus ir Dievo darbus. Matęs daug ženklų ir stebuklų, kuriuos darė Jėzus, Petras taip pat galėjo paeiti vandeniu, kai matė Jėzų, einantį ant vandens. Tačiau tuo metu Petras dar neturėjo dvasinės meilės, nes dar nebuvo gavęs Šventosios Dvasios. Taip pat jis dar buvo neapipjaustęs savo širdies – neatmetęs nuodėmių. Todėl, kai jo gyvybei grėsė pavojus, jis tris kartus išsižadėjo Jėzaus.

Mūsų tikėjimas auga per patirtį, bet dvasinė meilė ateina į mūsų širdis tik per pastangas, pasišventimą ir pasiaukojimą, atmetant nuodėmes. Tačiau tai nereiškia, kad nėra tiesioginio ryšio tarp dvasinio tikėjimo ir meilės. Mes stengiamės atsikratyti nuodėmėmis bei mylėti Dievą ir žmones todėl, kad turime tikėjimą. Tačiau be darbo, siekiant tapti panašiems į Viešpatį ir išsiugdyti tikrąją meilę, mūsų darbai Dievo karalystei neturės nieko bendra su Dievu, kad ir kaip stengtumėmės. Jėzus pasakė: *„Tuomet jiems pareikšiu: Aš niekuomet jūsų nepažinojau. Šalin nuo manęs, nedorėliai!"* (Evangelija pagal Matą 7, 23).

Meilė, atnešanti dangišką atpildą

Paprastai metų pabaigoje daug organizacijų ir žmonių aukoja pinigus televizijos ar spaudos bendrovėms, renkančioms paramą nepasiturintiems žmonėms. Kas būtų, jei niekas neskelbtų aukojančiųjų vardų spaudoje ir per televiziją? Bijau, kad aukojančių žmonių ir bendrovių skaičius gerokai sumažėtų.

Evangelijoje pagal Matą 6, 1-2 Jėzus pasakė: *„Venkite daryti savo teisumo darbus žmonių akyse, kad būtumėte jų matomi,* *antraip negausite užmokesčio iš savo Tėvo danguje. Todėl, dalydamas išmaldą, netrimituok sinagogose ir gatvėse, kaip daro veidmainiai, kad būtų žmonių giriami. Iš tiesų sakau jums: jie jau atsiėmė užmokestį."* Jeigu padedame kitiems, siekdami žmonių garbės, gausime trumpalaikę garbę, bet prarasime Dievo atlygį.

Toks aukojimas tarnauja tik savimeilės patenkinimui arba pasigyrimui. Jeigu žmogus daro labdaros darbus tik pasirodymui, kuo daugiau jis giriamas, tuo labiau didžiuojasi jo širdis. Jeigu Dievas jį laimina, jis gali manyti, kad yra teisus Dievo akyse, ir neapipjaustyti savo širdies, o tai tik kenkia jam. Jei darai labdaros darbus iš meilės, tau nerūpi žmonių pripažinimas, nes tu tiki, kad Dievas Tėvas, regintis slaptoje, tau atlygins (Evangelija pagal Matą 6, 3-4).

Labdaringi darbai Viešpatyje yra ne tik būtiniausių reikmių patenkinimas, dovanojant drabužius, maistą ir suteikiant pastogę. Svarbu dalinti dvasinę duoną sielos išganymui. Šiandien daug tikinčių Viešpačiu ir netikinčių žmonių sako, kad bažnyčių vaidmuo yra pagalba ligoniams, apleistiesiems ir skurstantiesiems. Žinoma, tai nėra blogai, bet svarbiausia bažnyčios pareiga yra skelbti evangeliją ir gelbėti sielas, kad jos atrastų dvasinę ramybę. Tai svarbiausias labdaros darbų tikslas.

Kai padedame kitiems, labai svarbu teisingai daryti labdaringus darbus, paklūstant Šventosios Dvasios vedimui. Netinkama pagalba kai kuriems žmonėms gali tik padėti jiems dar labiau atitolti nuo Dievo, blogiausiu atveju net pastūmėti į mirties kelią. Pavyzdžiui, jei padedame nuskurdusiems dėl girtuokliavimo ir lošimo arba tiems, kurie vargsta sukilę prieš Dievo valią, pagalba tik skatina juos toliau eiti klaidingu keliu. Žinoma, tai nereiškia, kad neturime padėti netikintiesiems. Turime padėti jiems, atnešdami Dievo meilę, tačiau nepamiršti, kad pagrindinis labdaringos veiklos tikslas yra evangelijos skelbimas. Labai svarbu stiprinti naujai įtikėjusiuosius, turinčius silpną tikėjimą. Kartais net turintieji tikėjimą kenčia nuo įgimtų negalių ar ligų arba patiria nelaimių ir negali patys pragyventi. Taip pat kai kurie pagyvenę žmonės gyvena vieni, o kartais netekę tėvų vaikai turi išlaikyti namus. Labdaringa pagalba būtina šiems žmonėms. Jeigu mes padėsime jiems, Dievas pasirūpins, kad mūsų sielos klestėtų ir mums viskas gerai sektųsi.

Apaštalų darbų 10-as skyrius pasakoja apie Kornelijų, kuris buvo palaimintas. Kornelijus bijojo Dievo ir daug padėjo žydams. Jis buvo šimtininkas, aukšto rango karininkas Izraelį okupavusioje kariuomenėje. Jo padėtis apsunkino jo pagalbą vietos gyventojams. Tikriausiai žydai įtariai žiūrėjo į tai, ką jis daro, ir šimtininko bendradarbiams tai turėjo nepatikti, bet jis bijojo Dievo, todėl negalėjo liautis daręs gerus darbus. Dievas matė visus jo darbus ir atsiuntė Petrą į jo namus, kad ne tik jo šeima, bet ir visi buvusieji su juo gautų Šventąją Dvasią ir išganymą.

Ne tik labdaringi darbai turi būti daromi su meile, bet ir aukojimas Dievui. Evangelijos pagal Morkų 12-as skyrius pasakoja apie našlę, kurią Jėzus pagyrė už iš visos širdies atneštą auką. Ji paaukojo tik du skatikus, kurie buvo viskas, ką ji turėjo. Kodėl Jėzus ją pagyrė? Evangelija pagal Matą 6, 21 sako „...*nes kur tavo lobis, ten ir tavo širdis.*" Atiduodama viską, ką turėjo pragyvenimui, našlė atidavė Dievui visą savo širdį. Taip ji parodė savo meilę Dievui. Tuo tarpu nenoriai atnešamos aukos arba aukojimas, susirūpinus žmonių nuomone, nepatinka Dievui. Tokios aukos neatneša nieko gera aukotojui.

Pakalbėkime apie pasiaukojimą. „Atiduoti savo kūną sudeginti" reiškia visiškai pasiaukoti. Paprastai žmonės aukojasi iš meilės, bet gali aukotis ir be jos. Kas yra aukojimasis be meilės?

Skundimasis, atlikus Dievo darbą, yra aukojimosi be meilės pavyzdys. Tu aukojiesi be meilės, kai atiduodi visas jėgas, laiką ir pinigus Dievo darbams, bet gailiesi ir skundiesi, kada niekas tų darbų nepripažįsta ir negiria. Taip pat, kai tau atrodo, kad bendradarbiai stengiasi mažiau negu tu, nors sako, kad myli Dievą ir Viešpatį. Net pradedi sakyti sau, kad jie tingi. Galiausiai imi juos teisti ir smerkti. Šis nusistatymas slaptai skatina troškimą parodyti kitiems savo nuopelnus, sulaukti pagyrimų ir puikuotis savo ištikimybe. Šios rūšies pasiaukojimas atneša nesantaiką tarp žmonių ir užgauna Dievo širdį. Todėl pasiaukojimas be meilės yra tuščias.

Gali net nesiskųsti žodžiais, bet jeigu niekas nepripažįsta tavo ištikimų darbų, tu nuliūsti ir galvoji, kad esi niekas, ir tavo užsidegimas Viešpačiui atšąla. Jeigu kas nors nurodo klaidas ir silpnas vietas darbuose, kuriuos atlikai, atiduodamas visas jėgas ir pasiaukodamas, tu supyksti ir kaltini tuos, kas kritikuoja tave. Kai kas nors atneša daugiau vaisių negu tu ir yra kitų giriamas bei mylimas, tave apima pavydas. Tuomet, nepaisant tavo ištikimybės ir užsidegimo, tu neturi tikro vidinio džiaugsmo ir gali net atsisakyti savo pareigų.

Kai kurie žmonės būna užsidegę tik tada, kai kiti mato. Kai kiti jų nemato arba nebepastebi, šie žmonės aptingsta ir dirba neatsakingai, bet kaip. Užuot darę nepastebimus, jie stengiasi padaryti tik kitiems matomus darbus iš troškimo pasirodyti prieš vyresniuosius bei kitus ir sulaukti jų pagyrimų.

Jeigu žmogus turi tikėjimą, kaip jis gali aukotis be meilės? Taip atsitinka tada, kai žmonės neturi dvasinės meilės. Jie širdyje neturi tikėjimo tuo, kad tai, kas Dievo, yra jų, ir tai, kas jų, yra Dievo.

Pavyzdžiui, palyginkime ūkininką, dirbantį savo lauką, ir samdinį, dirbantį kito žmogaus žemę už atlyginimą. Ūkininkas triūsia savo lauke nuo ankstaus ryto iki vėlaus vakaro. Jis nepraleidžia jokio darbo, kurį reikia atlikti, ir kruopščiai viską atlieka. Tuo tarpu samdinys, dirbdamas kitam priklausantį lauką, neatiduoda visų jėgų darbui, bet nekantraudamas laukia saulės laidos, kad gautų atlyginimą ir grįžtų namo. Tas pats principas galioja ir Dievo karalystėje. Jei žmonės neturi Dievo meilės širdyje, jie dirba Jam tik kaip samdiniai, norintys gauti atlyginimą. Jie dejuoja ir skundžiasi, jei negauna laukto atlyginimo.

Todėl Laiškas kolosiečiams 3, 23-24 sako: *„Ką tik darytumėte, darykite iš širdies, kaip Viešpačiui, o ne žmonėms, žinodami, kad iš Viešpaties gausite paveldą kaip atlyginimą. Tarnaukite Viešpačiui Kristui!"* Pagalba kitiems ir pasiaukojimas be dvasinės meilės neturi nieko bendra su Dievu ir negaus iš Jo jokio atlyginimo (Evangelija pagal Matą 6, 2).

Jeigu norime nuoširdžiai aukotis, turime turėti dvasinę meilę savo širdyje. Jeigu mūsų širdis kupina tikrosios meilės, mes nuolatos pašvenčiame visą savo gyvenimą Viešpačiui, nepaisydami, ar kiti pripažįsta mus, ar ne. Kaip uždegta žvakė, šviečianti tamsoje, atiduodame visą save. Senojo Testamento laikais, kai kunigas paskersdavo gyvulį, aukodamas Dievui kaip atperkamąją auką, jis išliedavo jo kraują ir sudegindavo taukus ant aukuro ugnies. Mūsų Viešpats Jėzus kaip gyvulys, paaukotas už mūsų nuodėmes, išliejo savo kraują iki paskutinio lašo ir vandenį, kad atpirktų visų žmonių nuodėmes. Jis parodė tikro pasiaukojimo pavyzdį.

Kodėl Jo auka dovanojo išganymą daugybei sielų? Todėl, kad tai buvo tobulos meilės auka. Jėzus įvykdė Dievo valią, paaukodamas savo gyvybę. Jis maldoje užtarė žmones iki paskutinės gyvenimo akimirkos, net kabodamas ant kryžiaus (Evangelija pagal Luką 23, 34). Dievas išaukštino Jį ir suteikė Jam garbingiausią padėtį danguje už šį tikrą pasiaukojimą.

Laiške filipiečiams 2, 9-10 parašyta: *„Todėl ir Dievas jį išaukštino ir padovanojo jam vardą, kilniausią iš visų vardų, kad Jėzaus vardui priklauptų kiekvienas kelis danguje, žemėje ir po žeme."*

Jeigu atmesime savo godumą bei netyrus troškimus ir pasiaukosime iš tyros širdies kaip Jėzus, Dievas išaukštins mus ir suteiks mums garbingą padėtį. Mūsų gerasis Viešpats Evangelijoje pagal Matą 5, 8 pažadėjo: *„Palaiminti tyraširdžiai; jie regės Dievą."* Mes būsime palaiminti, galėdami regėti Dievą.

Meilė, pranokstanti teisingumą

Pastorius Yang Won Sohn dažnai vadinamas „atomine meilės bomba". Jis parodė pasiaukojimo iš tikros meilės pavyzdį. Jis iš visų jėgų rūpinosi raupsuotaisiais ir buvo uždarytas į kalėjimą už atsisakymą nusilenkti japonų karo stabams, kai Japonija valdė Korėją. Jis uoliai tarnavo Dievui, bet vieną dieną gavo sukrečiančią žinią. 1948 metų spalio mėnesį kairiųjų kareiviai, sukilę prieš valdžią, nužudė jo du sūnus.

Eiliniai žmonės būtų priekaištavę: „Jeigu Dievas yra gyvas, kaip Jis galėjo tai leisti?" Tačiau pastorius Yang Won Sohn tik dėkojo Dievui, kad du jo sūnūs tapo kankiniais ir yra danguje su Viešpačiu. Dar daugiau, jis atleido sukilėliui, nužudžiusiam jo sūnus, ir net įsisūnijo jį. Savo sūnų laidotuvėse jis dėkojo Dievui už devynis dalykus, giliai sujaudindamas daugybės žmonių širdis.

„Visų pirma dėkoju už tai, kad mano sūnūs tapo kankiniais, nors gimė iš manęs, pilno blogybių.

Antra, dėkoju Dievui, kad patikėjo man tiek daug brangių tikinčiųjų, tapusių mano šeima.

Trečia, ačiū, kad buvo paaukoti mano pirmas ir antras sūnūs, patys gražiausi iš mano trijų sūnų ir trijų dukterų.

Ketvirta, dėkoju, kad du mano sūnūs tapo kankiniais, nes vieno sūnaus kankinystė būtų man per didelė garbė.

Penkta, mirti susitaikius su Viešpačiu Jėzumi yra palaiminimas, dėkoju, kad jiems buvo suteikta kankinių garbė būti nušautiems, skelbiant evangeliją.

Šešta, jie ruošėsi išvykti studijuoti į Jungtines Valstijas, bet iškeliavo į dangaus karalystę, daug geresnę vietą už Ameriką.

Dėkoju už tai.

Septinta, dėkoju Dievui už troškimą ir leidimą įsisūnyti priešą, nužudžiusį mano sūnus.

Aštunta, dėkoju, nes tikiu, kad daug sielų pateks į dangų per mano dviejų sūnų kankinystę.

Devinta, dėkoju Dievui, kuris suteikė man savo meilės, leidžiančios nepalūžti ir net džiaugtis šiuose sunkumuose."

Pastorius Yang Won Sohn rūpinosi ligoniais ir atsisakė evakuotis net Korėjos karo metu. Komunistų kareiviai nužudė jį, ir jis tapo kankiniu. Jis rūpinosi visų apleistais ligoniais, ir rodė gerumą priešui, nužudžiusiam jo sūnus. Jis galėjo taip pasiaukoti tik todėl, kad buvo kupinas tikros meilės Dievui ir žmonėms. Laiške kolosiečiams 3, 14 Dievas sako: *„Viršum viso šito tebūna meilė, kuri yra tobulumo raištis."* Net jei kalbame kaip angelai, pranašaujame, turime kalnus perkeliantį tikėjimą ir aukojamės vargstantiesiems, mūsų darbai nėra tobuli Dievo akyse, kol jie nedaromi iš tikros meilės. Dabar panagrinėkime tikros dvasinės meilės savybes, kad įžengtume į neaprėpiamos Dievo meilės dimensiją.

Meilės savybės

„*Meilė kantri, meilė maloninga, ji nepavydi;*
meilė nesididžiuoja ir neišpuiksta.
Ji nesielgia netinkamai, neieško sau naudos,
nepasiduoda piktumui, pamiršta, kas buvo bloga,
nesidžiaugia neteisybe, su džiaugsmu pritaria tiesai.
Ji visa pakelia, visa tiki, viskuo viliasi ir visa ištveria."
Pirmas laiškas korintiečiams 13, 4-7

Evangelijos pagal Matą 24-ame skyriuje parašyta, kaip Jėzus apgailestavo dėl Jeruzalės, žinodamas, kad artėja Jo laikas. Jis turėjo būti nukryžiuotas pagal Dievo apvaizdą, bet galvojo apie žydus ir Jeruzalę užgriūsiančias nelaimes. Mokiniai paklausė: „*Ir koks tavo atėjimo ir pasaulio pabaigos ženklas?*" (3-a eilutė). Jėzus išvardijo jiems daug ženklų ir pridūrė: „*Kadangi įsigalės neteisybė, daugelio meilė atšals*" (12-a eilutė).

Šiandien tikrai jaučiame, kad žmonių meilė atšalo. Daug žmonių ieško meilės, bet nežino, kas yra tikroji, tiksliau, dvasinė meilė. Mes negalime įgyti dvasinės meilės vien panorėję ją turėti. Mes įgyjame ją, įsileisdami į širdį Dievo meilę. Tik paskui suprantame, kas yra dvasinė meilė ir pradedame atsisakyti viso pikto savo širdyse.

Laiškas romiečiams 5, 5 sako: „*Dievo meilė išlieta mūsų širdyse Šventosios Dvasios, kuri mums duota.*" Mes jaučiame Dievo meilę per Šventąją Dvasią, esančią mūsų širdyse.

Apaštalas Paulius išvardino dvasinės meilės savybes Pirmame laiške korintiečiams 13, 4-7. Dievo vaikai turi žinoti jas ir ugdyti savyje, kad taptų Dievo pasiuntiniais, skleidžiančiais dvasinę meilę.

1. Meilė kantri

Jei žmogui trūksta tik kantrybės iš visų dvasinės meilės savybių, jis lengvai gali užgauti kitus. Tarkime, viršininkas davė kam nors konkrečią užduotį, ir tam darbuotojui sunkiai sekasi. Viršininkas skubiai atima iš jo užduotį ir perduoda baigti kitam. Pirmasis darbuotojas gali įpulti į neviltį, nes neteko galimybės užbaigti pradėto darbo. Dievas įkvėpė apaštalą pirmiausia paminėti kantrumą, nes tai pagrindinė savybė, būtina dvasinės meilės ugdymui. Jeigu turime meilę, laukti nenuobodu.

Kai sužinome apie Dievo meilę, stengiamės pasidalinti ja su mus supančiais žmonėmis. Kai rodome tokią meilę, kartais žmonės reaguoja priešiškai ir labai užgauna mūsų širdį arba padaro mums daug žalos. Tuomet tie žmonės nebeatrodo mylėtini, ir mums sunku juos suprasti. Ugdydami dvasinę meilę turime būti kantrūs ir mylėti net šiuos žmones. Net jeigu jie mus šmeižia, neapkenčia mūsų ar stengiasi pakenkti be priežasties, turime valdytis, būti kantrūs ir mylėti juos.

Kartą vienas mūsų bažnyčios narys paprašė manęs pasimelsti už jo žmoną, sergančią depresija. Jis taip pat pasakė, kad yra girtuoklis ir pradėjęs gerti labai pasikeitė, apsunkino gyvenimą savo šeimos nariams. Jo žmona buvo labai kantri su juo ir stengėsi nugalėti jo ydą meile. Tačiau jis nesiliovė gėręs ir tapo alkoholiku. Jo žmona prarado gyvenimo džiaugsmą ir susirgo depresija.

Jis buvo didžiulė našta šeimai dėl savo gėrimo, bet vis tiek atėjo prašyti maldos, nes mylėjo savo žmoną. Išklausęs jo pasakojimą, paklausiau: „Jeigu tu tikrai myli savo žmoną, kodėl tau taip sunku mesti rūkyti ir gerti?" Jis nieko neatsakė. Atrodė, kad jam trūksta pasitikėjimo savimi. Man buvo gaila jo šeimos. Pasimeldžiau, kad jo žmona pasveiktų nuo depresijos, o jis gautų jėgų mesti rūkyti ir gerti. Dievo galybė nuostabi! Jis liovėsi galvojęs apie gėrimą iš karto po maldos. Anksčiau jis niekaip nepajėgė mesti gerti, bet po šios maldos nebegėrė. Jo žmona taip pat pasveiko nuo depresijos.

Kantrybė yra dvasinės meilės pradžia

Ugdydami dvasinę meilę turime būti kantrūs su kitais bet kokioje situacijoje. Ar jums sunku būti atkaliems? Ar, kaip aukščiau minėta žmona, nusimenate, kai ilgą laiką turite būti kantrūs, ir padėtis visai negerėja? Tuomet prieš kaltindami aplinkybes ir kitus žmones turime pasitikrinti savo širdį. Jeigu tiesa visiškai užvaldo mūsų širdį, mes galime pakęsti bet kokią situaciją. Jeigu mums trūksta kantrybės, tai reiškia, kad savo širdyje dar turime pikto.

Būti kantriam reiškia nuolankiai pakelti visus sunkumus, kuriuos patiriame bandydami parodyti tikrą meilę. Daug sunkumų iškyla, kai stengiamės mylėti visus, paklusdami Dievo žodžiui, ir dvasinės meilės kantrumas padeda ištverti visose aplinkybėse.

Šis kantrumas kitoks negu vienas iš devynių Šventosios Dvasios vaisių, minimų Laiške galatams 5, 22-23. Kuo jis skiriasi? Kantrybė, kuri yra vienas iš devynių Šventosios Dvasios vaisių, suteikia mums kantrumo dėl Dievo karalystės ir teisumo visose srityse, tuo tarpu meilės kantrumas leidžia kantriai ugdyti dvasinę meilę, turi siauresnę ir konkretesnę paskirtį. Galima sakyti, kad meilės kantrumas yra kantrybės, Šventosios Dvasios vaisiaus, dalis.

Mūsų laikais žmonės bylinėjasi teismuose net dėl nedidelės žalos jų nuosavybei ar gerovei. Teismai skęsta bylose. Dažnai tarpusavyje teisiasi sutuoktiniai ar net tėvai su vaikais. Jei pakenti kitus, kartais žmonės net šaiposi iš tavęs ir vadina kvailiu. Bet ką Jėzus sakė?

Evangelijoje pagal Matą 5, 39-40 parašyta: *„O aš jums sakau: nesipriešink piktam [žmogui], bet jei kas tave užgautų per dešinį skruostą, atsuk jam ir kitą. Jei kas nori su tavimi bylinėtis ir paimti tavo marškinius, atiduok jam ir apsiaustą."*

Jėzus moko ne atsilyginti piktu už pikta, bet būti kantriems. Jis taip pat ragina mus daryti gera piktiems žmonėms. Galime pamanyti: „Kaip daryti jiems gera, kai mes tokie supykę ir įsižeidę?" Jeigu turime tikėjimo ir meilės, be vargo galime tai padaryti. Tai tikėjimas Dievo meile, Jis atidavė savo viengimį Sūnų mirčiai, kad atpirktų mūsų nuodėmes. Jeigu mes tikime, kad gavome Dievo meilę, galime atleisti net tiems, kas labai nuskriaudė ir sužeidė mus. Jeigu mylime Dievą, kuris atidavė savo vienintelį Sūnų už mus, ir Viešpatį, kuris atidavė gyvybę už mus, mes galėsime atleisti bet kam ir už bet ką.

Beribis kantrumas

Kai kurie žmonės gniaužia neapykantą, pyktį, susierzinimą ir kitus blogus jausmus, kol pasiekia savo kantrybės ribą ir galiausiai sprogsta. Intravertams dažnai sunku išreikšti savo jausmus, bet jie kenčia savo širdyje, ir ši nuolatinė įtampa pakerta jiems sveikatą.

Toks kantrumas yra kaip plieninės spyruoklės spaudimas rankomis. Jeigu atleidi rankas, spyruoklė išsitiesia. Dievas nori, kad turėtume niekada neišsenkantį kantrumą. Kitaip tariant, jeigu turime tokį kantrumą, mums nebereikia stengtis būti kantriems. Mes nekaupiame neapykantos ir nuoskaudų savo širdyje, bet atsikratome piktos prigimties ir pripildome savo širdį meile ir gailestingumu. Tai yra dvasinė kantrumo prasmė. Jeigu neturime jokio pikto savo širdyje, tik dvasinės meilės pilnatvę, nesunku mylėti net savo priešus. Mes neįsileidžiame į širdį jokio priešiškumo.

Jeigu mūsų širdis pilna neapykantos, kivirčų ir pavydo, pirmiausiai matome neigiamus kitų bruožus, net jeigu jie yra geros širdies žmonės. Panašiai, kai užsidedi akinius nuo saulės, pasaulis atrodo tamsesnis. Kita vertus, jeigu mūsų širdys kupinos meilės, net piktai besielgiantys žmonės mums atrodo malonūs. Jų trūkumai, kaltės ir silpnybės nesukelia mumyse neapykantos jiems. Net kai jie nekenčia mūsų ir piktai elgiasi su mumis, mes neatsakome jiems neapykanta

Jėzus turėjo kantrią širdį, Jis „nenulaužė palūžusios nendrės ir neužgesino gruzdančio dagčio." Kantrus buvo ir Steponas, jis meldėsi už savo budelius, mušančius jį akmenimis: „*Viešpatie, neįskaityk jiems šios nuodėmės!*" (Apaštalų darbai 7, 60). Jie užmušė jį tik už evangelijos skelbimą. Ar Jėzui buvo sunku mylėti nusidėjėlius? Jokiu būdu! Jo širdyje viešpatavo tiesa.

Vieną dieną Petras paklausė Jėzaus: „*Viešpatie, kiek kartų turiu atleisti savo broliui, kai jis man nusikalsta? Ar iki septynių kartų?*" *Jėzus jam atsakė: „Aš nesakau tau – iki septynių, bet iki septyniasdešimt septynių kartų*" (Evangelija pagal Matą 18,

21-22).

Tai nereiškia, kad turime atleisti rik septyniasdešimt septynis kartus. Skaičius septyni dvasine prasme simbolizuoja tobulumą. Todėl atleisti septyniasdešimt septynis kartus reiškia tobulą atleidimą. Jėzaus meilė ir atleidimas neturi ribų.

Kantrumas atnešantis dvasinę meilę

Žinoma, mūsų neapykanta nepavirs meile per vieną naktį. Turime būti kantrūs ir neatlyžti ilgą laiką. Laiške efeziečiams 4, 26 pasakyta: *„Rūstaudami nenusidėkite! Tegul saulė nenusileidžia ant jūsų rūstybės!"*

Čia apaštalas rašo apie rūstavimą turintiesiems silpną tikėjimą. Dievas nori, kad tie, kas supyksta dėl nepakankamo tikėjimo nelaikytų savo pykčio iki saulės laidos, kitaip tariant, kad nepyktų ilgai, bet atsikratytų negerais jausmais. Jeigu bet koks žmogus, pajutęs pyktį kylant savo širdyje, pagal savo tikėjimo mastą kantriai ir ištvermingai stengiasi jį atmesti, jis po truputį išsiugdys širdyje tikrą dvasinę meilę.

Žmogus gali atmesti giliai įsišaknijusią širdyje nuodėmingą

**Kantrybė
– vienas iš devynių Šventosios Dvasios vaisių**

1. Ji atmeta visas netiesas ir ugdo širdį tiesa
2. Ji supranta kitus, ieško jų naudos ir taikos su jais
3. Ji gauna atsakymus į maldas, išganymą ir Dievo pažadėtus palaiminimus

prigimtį, karštai melsdamasis su Šventosios dvasios įkvėpimu. Labai svarbu stengtis palankiai žiūrėti į mums nepatinkančius žmones ir daryti jiems gera. Kai taip elgsimės, neapykanta mūsų širdyje greitai išnyks, ir mes pamilsime tuos žmones. Mes su niekuo neturėsime konfliktų ir niekam nejausime neapykantos. Gyvensime laimingi kaip danguje, kaip Viešpats sakė: „*Juk Dievo karalystė jau yra tarp jūsų*" (Evangelija pagal Luką 17, 21).

Žmonės sako, kad jaučiasi kaip danguje, kai būna labai laimingi. Panašiai „dangaus karalystė tarp jūsų" reiškia, kad mes apsivalėme nuo visos netiesos ir pripildėme savo širdis tiesa, meile ir gerumu. Tuomet nebereikia kantrumo, nes jūs visada esate laimingi, pilni malonės ir džiaugiatės, nes mylite visus jus supančius žmones. Kuo daugiau pikto atmetate ir gerumo išsiugdote, tuo mažiau jums reikia kantrumo. Kai išsiugdysite dvasinę meilę, nebereikės kantriai kovoti su savo jausmais; jūs galėsite kantriai ir ramiai laukti, kol meilė pakeis kitus.

Danguje nėra ašarų, liūdesio ir skausmo. Ten nėra jokio pikto, tik gerumas ir meilė, jūs neturėsite neapykantos, ant nieko nesupyksite ir nesusierzinsite. Jums nereikės tramdyti ir kontroliuoti savo jausmų. Žinoma, mūsų Dievui niekada nereikia būti kantriam, nes Jis yra meilė. Biblija sako, kad meilė kantri todėl, kad mes, žmonės, turime sielos, minčių ir proto šablonus. Dievas nori padėti žmonėms suprasti. Kuo daugiau piktybių jūs atmetate ir gerumo išsiugdote, tuo mažiau jums reikia kantrumo.

Priešo pavertimas draugu per kantrumą

Abraomas Linkolnas, šešioliktasis Jungtinių Valstijų

prezidentas, ir Edvinas Stentonas nesutarė, būdami teisininkais. Stentonas buvo kilęs iš turtingos šeimos ir turėjo gerą išsilavinimą. Linkolnas gimė neturtingo batsiuvio šeimoje ir nebuvo baigęs net pradinės mokyklos. Stentonas šaipydavosi iš Linkolno aštriais žodžiais. Tačiau Linkolnas niekada nesupykdavo ir neatsakydavo jam priešiškumu.

Kai Linkolnas buvo išrinktas prezidentu, jis paskyrė Stentoną karo sekretoriumi, tai buvo vienos iš svarbiausių pareigų vyriausybėje. Linkolnas žinojo, kad Stentonas tiko šioms pareigoms. Vėliau, kai Linkolnas buvo nušautas Fordo teatre, daugumo žmonių bėgo lauk, gelbėdami savo gyvybę. Tačiau Stentonas pribėgo prie Linkolno. Apkabinęs Linkolną, pilnomis ašarų akimis jis pasakė: „Čia guli stipriausias žmogus pasaulyje. Jis didžiausias iš didžių vadovų pasaulio istorijoje."

Dvasinės meilės kantrumas daro stebuklus ir gali paversti priešus draugais. Evangelijoje pagal Matą 5, 45 parašyta: „*…kad būtumėte savo dangiškojo Tėvo vaikai; jis juk leidžia savo saulei tekėti blogiesiems ir geriesiems, siunčia lietų ant teisiųjų ir neteisiųjų.*"

Dievas yra kantrus net tiems, kas daro pikta, ir nori, kad vieną dieną jie pasikeistų. Jeigu piktiems atlyginame piktu, tai reiškia, kad ir patys esame pikti, bet jei esame kantrūs ir mylime juos, laukdami Dievo, kuris mums atlygins, vėliau gausime nuostabią buveinę danguje (Psalmynas 37, 8-9).

2. Meilė maloninga

Viena iš Ezopo pasakėčių pasakoja apie saulę ir vėją. Vieną dieną saulė ir vėjas susiginčijo, kuris stipresnis. Vėjas pasiūlė varžybas: laimės tas, kas greičiau privers praeivį nusivilkti apsiaustą. Vėjas pradėjo pirmas, ir taip stipriai pūtė, kad net medžiai ėmė virsti. Tačiau žmogus tik tvirčiau susisupo į apsiaustą. Paskui nusišypsojo saulė ir ėmė švelniai šildyti praeivį. Žmogus sušilo ir greitai nusimetė apsiaustą.

Ši istorija labai pamokanti. Vėjas bandė jėga nuplėšti žmogaus apsiaustą, bet saulė privertė žmogų nusivilkti savo noru. Maloningumas yra panašus į ją. Maloningumas paveikia kitų širdį ne fizine jėga, bet gerumu ir meile.

Maloningumas priima bet kokį žmogų

Maloningas žmogus priima bet kokį žmogų, ir daugybė žmonių pailsi prie jo. Žodžio „maloningas" apibrėžimas: „pasižymintis geraširdiškumu, palankumu, gailestingumu". Maloningumą galima palyginti su vata. Vata neskleidžia jokio garso, kai kiti daiktai atsitrenkia į ją. Ji švelniai priima visus daiktus.

Maloningas žmogus yra kaip medis, prie kurio pailsi daug žmonių. Kai karštą vasaros dieną pasislepi nuo saulės po dideliu medžiu, pasijunti kur kas geriau. Panašiai daug žmonių nori pabūti ir pailsėti šalia maloningos širdies žmogaus.

Paprastai, kai žmogus būna toks geras ir švelnus, kad ant nieko nesupyksta ir nesilaiko įsikibęs savo nuomonės, jį vadina romiu ir geraširdžiu. Tačiau kad ir kiek švelnumo ir romumo jis turėtų, jeigu Dievas nepripažįsta jo maloningumo, jis nėra romus. Kai kurie žmonės visada paklūsta kitiems, nes turi silpną ir pasyvų charakterį. Kiti užgniaužia savo pyktį, kai būna nepatenkinti kitais. Tačiau jie nėra maloningi. Žmonės, neturintys pikto, tik meilę savo širdyje, priima ir pakelia piktus žmones su dvasiniu romumu.

Dievas nori dvasinio maloningumo

Dvasinis maloningumas yra dvasinės meilės pilnatvės, neturinčios nieko pikta, vaisius. Su dvasiniu maloningumu jūs nesukilsite prieš jokį žmogų, bet priimsite jį, kad ir koks blogas jis būtų. Jūs kantriai pakęsite jį, nes būsite išmintingi. Tačiau turime nepamiršti, kad nebūsime maloningi tik todėl, kad besąlygiškai suprantame kitus, atleidžiame ir esame jiems švelnūs. Mums būtinas ir teisumas, orumas ir autoritetas, kad galėtume padėti kitiems. Dvasiškai maloningas žmogus yra ne tik švelnus, bet ir išmintingas bei doras. Toks žmogus gyvena pavyzdingą gyvenimą. Konkrečiau kalbant apie dvasinį maloningumą, tai reiškia turėti romumą širdyje ir būti išoriškai didžiadvasiškam.

Net jei turime gerą širdį be jokio pikto, tik vidinį švelnumą, vien švelnumas neleidžia mums priimti ir teigiamai paveikti kitų. kai turime ne tik vidinį maloningumą, bet ir tvirtą, didžiadvasišką charakterį, mūsų maloningumas tampa tobulas ir galingas. Jeigu turime didžiadvasišką ir gerą širdį, užvaldome daugybės žmonių širdis ir labai daug pasiekiame.

Žmogus parodo kitiems tikrą meilę, kai turi gerą ir maloningą širdį, kupiną užuojautos ir didžiadvasiškumo, ir nukreipia kitus teisingu keliu. Tuomet jis atveda daug sielų į išganymo kelią, kuris ir yra teisingas kelias. Vidinis maloningumas negali šviesti be išorinio didžiadvasiškumo. Visų pirma pažvelkime į tai, ką turime daryti, kad išsiugdytumėme vidinį maloningumą.

Vidinio maloningumo matas yra pašventinimas

Norėdami išsiugdyti maloningumą, pirmiausia turime atsikratyti širdies piktybių ir tapti pašventintais žmonėmis. Maloninga širdis panaši į vatą, ir net kai kas nors elgiasi agresyviai, ji neskleidžia jokio garso, bet priima tą žmogų. Maloningos širdies žmogus neturi jokio pikto ir nekonfliktuoja su jokiu žmogumi. Bet jeigu mūsų širdis kupina šiurkščios neapykantos ir pavydo ir yra sukietėjusi nuo įsitikinimo savo teisumu ir vadovavimosi savo supratimu, mums labai sunku priimti kitus.

Kai akmuo atsitrenkia į kitą akmenį arba metalinį daiktą, pasigirsta trenksmas, ir jis atšoka. Taip pat, kol mūsų kūniškas aš yra gyvas, nemalonūs jausmai apima mus, kai kiti sukelia mums nors truputį nepatogumų. Kai visada pastebime kitų charakterio trūkumus ir kitas ydas, mes nepriimame, nesaugome ir nesuprantame jų, bet teisiame, smerkiame, apkalbame ir šmeižiame juos. Tai rodo, kad esame kaip mažytis indelis, į kurį beveik niekas netelpa.

Tai maža širdis, kurioje tiek nešvarumų, kad daugiau beveik niekam nelieka vietos. Pavyzdžiui, mes įsižeidžiame, kai kiti parodo mūsų klaidas, arba pamatę kitus šnibždantis galvojame, kad jie kalba apie mus, ir mums rūpi sužinoti, apie ką jie šneka. Kartais net teisiame kitus todėl, kad pažiūrėjo į mus.

Pikto neturėjimas širdyje yra pagrindinė maloningumo ugdymo sąlyga. Kai neturime piktybių širdyje, branginame kitus, žiūrime į juos su gerumu ir meile. Maloningas žmogus visada žvelgia į kitus su gailestingumu ir užuojauta. Jis neturi jokio noro teisti ar smerkti kitų, stengiasi suprasti juos su meile bei gerumu ir savo šiluma suminkština net piktų žmonių širdis.

Ypač svarbu, kad būtų pašventinti tie, kas moko kitus ir vadovauja jiems. Kiek jie turi pikto, tiek savo kūniškų minčių perteiks kitiems ir neteisingai vertins ganomųjų padėtį, todėl nepajėgs atvesti sielų į žaliuojančias lankas prie ramių vandenų. Mes atpažįstame Šventosios Dvasios vedimą, teisingai suprantame ganomuosius ir gerai vadovaujame jiems, tik būdami visiškai pašventinti. Dievas laiko tikrai maloningais žmonėmis tik visiškai pašventintuosius. Žmonės turi įvairių maloningumo standartų, bet tik Dievo požiūris į maloningumą yra teisingas.

Dievas pripažino Mozės maloningumą

Biblijoje Dievas pripažino Mozę už jo maloningumą. Skaičių knygos 12-ame skyriuje parašyta, kaip svarbu būti Dievo pripažintam. Vieną kartą Mozės brolis Aaronas ir jo sesuo Mirjama kalbėjo prieš Mozę, nes jis buvo vedęs kušitę.

Skaičių knygoje 12, 2 parašyta: *„Jie sakė: ,Argi VIEŠPATS tik per Mozę kalbėjo? Argi jis nekalbėjo ir per mus?' VIEŠPATS tai išgirdo."*

Ką Dievas į tai atsakė? „*Su juo aš kalbu tiesiogiai, aiškiai, ne mįslėmis. Jis mato patį VIEŠPATĮ. Tad kodėl nebijote kalbėti prieš mano tarną Mozę?*" (Skaičių knyga 12, 8).

Aarono ir Mirjamos žodžiai, smerkiantys Mozę, sukėlė Dievo rūstybę. Mirjama susirgo raupsais. Aaronas buvo Mozės atstovas, kalbantis jo vardu, ir Mirjama buvo viena iš tautos vadovų. Manydami, kad Dievas pripažįsta juos ir labai myli, jie iš karto ėmė kalbėti prieš Mozę, kai pamanė, kad jis pasielgė neteisingai.

Dievui buvo nepriimtinos Aarono ir Mirjamos smerkiančios kalbos apie Mozę, remiantis savo standartais. Koks žmogus buvo Mozė? Dievas pripažino jį kukliausiu ir romiausiu iš visų žmonių kada nors gyvenusių žemėje. Jis buvo ištikimas visuose Dievo darbuose, todėl Dievas taip pasitikėjo juo, kad kalbėjo su juo tiesiogiai.

Perskaitę Izraelio tautos išėjimo iš Egipto ir kelionės į Kanaano žemę istoriją suprantame, kodėl Dievas taip aukštai vertino Mozę. Išėję iš Egipto izraelitai nuolat darė nuodėmes ir sukildavo prieš Dievo valią. Jie skundėsi Mozei ir kaltino jį net dėl nedidelių sunkumų, ir tai buvo tas pats, kas burnoti prieš Dievą. Kiekvieną kartą, kai jie skųsdavosi, Mozė maldavo Dievo pasigailėjimo.

Vienas dramatiškai įvykis atskleidė didžiulį Mozės maloningumą. Kol Mozė buvo ant Sinajaus kalno, kur gavo Dievo įsakymus, izraelitai pasidarė stabą – aukso veršį – ir valgė, gėrė bei ūžavo, garbindami jį. Egiptiečiai garbino dievus, panašius į jaučius ir karves, ir žydai nusikopijavo jų dievus. Dievas daug kartų parodė jiems, kad yra su jais, bet jie nerodė jokių keitimosi ženklų. Galiausiai jie užsitraukė Dievo rūstybę, bet Mozė užtarė juos, mainais siūlydamas savo gyvybę: „*O dabar, jei tu tik atleistum jų nuodėmę... Bet jei ne, ištrink mane iš knygos, kurią parašei!"* (Išėjimo knyga 32, 32).

Mozė kalbėjo Dievui apie gyvenimo knygą, kurioje surašyti išganytųjų vardai. Jei tavo vardas ištrintas iš gyvenimo knygos, tu negali išsigelbėti. Tai reiškia, kad nebūsi išgelbėtas ir amžinai kentėsi pragare. Mozė gerai žinojo apie pomirtinį gyvenimą, bet taip norėjo išgelbėti savo tautą, kad sutiko prarasti savo išgelbėjimą ir būti amžinai atskirtas nuo Dievo. Mozės širdis buvo labai panaši į Dievo, kuris nenori, kad pražūtų nors vienas žmogus.

Mozė išsiugdė maloningumą per išbandymus

Žinoma, iš pradžių Mozė neturėjo tokio maloningumo. Nors jis buvo hebrajas, bet užaugo kaip Egipto princesės sūnus, nieko nestokodamas. Jis gavo geriausią Egipto išsilavinimą ir išmoko kovos meno. Jis turėjo puikybės ir pasitikėjo savo teisumu. Vieną dieną jis pamatė, kaip egiptietis muša hebrają, ir savo teisumo paskatintas užmušė egiptietį.

Taip Mozė tapo žmogžudžiu ir bėgliu. Laimei, Midjano kunigo padedamas jis tapo piemeniu dykumoje, bet viską prarado. Avių ganymas egiptiečiams buvo labai žeminantis darbas. Mozė turėjo keturiasdešimt metų daryti tai, ką anksčiau niekino. Jis visiškai nusižemino per šį laikotarpį, daug suprato apie Dievo meilę ir gyvenimą.

Dievas nepašaukė Egipto princo Mozės būti Izraelio tautos vedliu. Dievas pašaukė piemenį Mozę, nusižeminusį daug kartų net ir po Dievo pašaukimo. Jis visiškai nusižemino ir išrovė visas piktybes iš savo širdies per išbandymus, todėl ir galėjo nuvesti virš 600 000 vyrų iš Egipto į Kanaano žemę. Maloningumo ugdyme svarbu ugdyti gerumą ir meilę, nusižeminant prieš Dievą išbandymuose, per kuriuos einame. Nuolankumas augina ir mūsų maloningumą. Jeigu mes pasitenkiname savo pasiekta būsena ir manome, kad pakankamai išsiugdėme tiesoje ir esame kitų pripažinti, kaip buvo Aarono ir Mirjamos atveju, mes tik dar labiau išpuikstame.

Didžiadvasiškumas padaro dvasinį maloningumą tobulą

Norėdami išsiugdyti dvasinį maloningumą, turime ne tik atmesti visas piktybes, bet ir ugdyti didžiadvasiškumą. Turėti tikrą didžiadvasiškumą reiškia teisingai suprasti ir priimti kitus, teisingai atlikti žmogaus pareigas ir ne fizine galia, bet suprantant žmonių trūkumus ir priimant juos, priversti kitus žmones atverti širdis. Maloningi žmonės turi meilę, įkvepiančią kitiems pasitikėjimą.

Didžiadvasiškumas yra kaip žmonių drabužiai. Kad ir kokią gerą širdį turėtume, kol būsime nuogi, kiti žiūrės į mus iš aukšto. Panašiai, kad ir kokie geri būtume, mes neparodysime maloningumo, jeigu neturėsime tikro didžiadvasiškumo. Pavyzdžiui, žmogus geras viduje, bet pasako daug nereikalingų dalykų, kalbėdamas su kitais. Toks žmogus neturi piktų kėslų, bet negali užsitarnauti kitų pasitikėjimo, nes neturi gerų manierų ar išsilavinimo. Kai kurie žmonės neturi jokių nuoskaudų, nes turi gerą širdį ir nedaro nieko blogo kitiems, bet jeigu jie aktyviai nepadeda ir nerodo švelnaus rūpesčio kitiems, jiems sunku užkariauti daugelio žmonių širdis.

Nespalvingi ir neturintys malonaus kvapo gėlių žiedai neprivilioja bičių ir drugelių, net turėdami labai daug nektaro. Panašiai, net jeigu esame labai geri ir užgauti per skuostą galime atsukti kitą, mūsų gerumas neįkvepia kitų, jeigu mūsų žodžiai ir darbai nėra didžiadvasiški. Tikras maloningumas atsiskleidžia tik tada, kai vidinis gerumas apsirengia didžiadvasiškumu.

Juozapas buvo tikrai didžiadvasiškas. Jis buvo vienuoliktas Jokūbo, visų izraelitų protėvio, sūnus. Broliai neapkentė jo ir pardavė visai jauną Juozapą į Egipto vergiją. Tačiau Dievo padedamas jis tapo Egipto vyriausiuoju ministru, sulaukęs trisdešimties metų amžiaus. Tai laikais Egiptas buvo labai stipri valstybė prie Nilo upės. Jis buvo vienas iš keturių svarbiausių civilizacijos lopšių. Valdovai ir piliečiai labai didžiavosi savimi, ir užsieniečiui buvo labai nelengva tapti vyriausiuoju ministru. Jeigu jis būtų padaręs bent vieną klaidą, būtų turėjęs tučtuojau atsistatydinti.

Tačiau Juozapas valdė Egiptą labai gerai ir išmintingai. Jis buvo maloningas, kuklus ir nė karto nenusidėjo žodžiais ir darbais. Taip pat jis buvo išmintingas ir kilnus valdovas. Jis turėjo valdžią, nusileidžiančią tik karaliau valdžiai, bet neniekino žmonių ir neaukštino savęs. Jis buvo griežtas sau, bet labai dosnus ir švelnus kitiems. Todėl karalius ir kiti ministrai neturėjo jokio pagrindo abejoti juo ar pavydėti jam, jie visiškai pasikliovė juo. Tai aišku iš fakto, kaip šiltai egiptiečiai priėmė Juozapo šeimą, kuri atsikraustė į Egiptą iš Kanaano, bėgdama nuo bado.

Juozapo maloningumą lydėjo tikras didžiadvasiškumas

Jeigu žmogus tikrai didžiadvasiškai, jis turi plačią širdį, neteisia ir nesmerkia kitų pagal savo standartus, net būdamas teisus savo darbais ir žodžiais. Ši Juozapo savybė puikiai atsiskleidė, kai jo broliai, pardavę jį į vergiją, atkeliavo į Egiptą ieškoti maisto. Iš pradžių broliai neatpažino Juozapo. Tai suprantama, nes jie nematė jo daugiau negu dvidešimt metų. Be to, jie negalėjo net pagalvoti, kad Juozapas tapo vyriausiuoju Egipto ministru. Ką jautė Juozapas, kai pamatė savo brolius, kurie norėjo jį nužudyti, bet galiausiai pardavė į Egipto vergiją? Jis galėjo priversti juos sumokėti už padarytą nusikaltimą. Tačiau Juozapas nenorėjo keršyti. Jis nuslėpė savo tapatybę ir kelis kartus patikrino juos, kad įsitikintų, ar jų širdys ne tokios pat kaip anksčiau.

Juozapas suteikė jiems galimybę patiems atgailauti už nuodėmes prieš Dievą, nes žmogžudystės planavimas ir brolio pardavimas į vergiją kitoje šalyje buvo sunkios nuodėmės. Juozapas nepuolė beatodairiškai atleisti jiems arba bausti brolių, bet sudarė aplinkybes, leidžiančias jo broliams atgailauti už savo nuodėmes. Tik po to, kai broliai prisiminė savo nusikaltimą ir labai gailėjosi, Juozapas atskleidė jiems savo tapatybę.

Tą akimirką jo broliai išsigando. Jų gyvybė buvo jų brolio Juozapo rankose. Jis buvo Egipto, tuometinės stipriausios valstybės pasaulyje, vyriausiasis ministras. Tačiau Juozapas neklausė jų, kodėl ir ką jie padarė. Jis negrasino jiems ir nesakė: „Dabar jūs sumokėsite už savo nuodėmes." Jis ramino ir guodė juos: „*O dabar nesikankinkite, nepriekaištaukite sau, kad čia mane pardavėte. Juk iš tikrųjų Dievas pasiuntė mane pirma jūsų išgelbėti gyvastį"* (Pradžios knyga 45, 5).

Jis pripažino faktą, kad viskas buvo numatyta Dievo plane. Juozapas ne tik iš širdies atleido savo broliams, bet ir paguodė jiems širdį jaudinančiais žodžiais, visiškai juos suprasdamas. Juozapo poelgis sujaudino net priešus, jis parodė tikrą didžiadvasiškumą. Juozapo maloningumas, lydimas tikro didžiadvasiškumo, buvo galinga jėga, išgelbėjusi daugybę gyvybių Egipte ir už jo ribų, ir nuostabaus Dievo plano dalis. Tikrasis didžiadvasiškumas yra išorinė vidinio maloningumo išraiška, užvaldanti daugybės žmonių širdį ir turinti didžiulę galią.

Pašventinimas būtinas didžiadvasiškumo ugdymui

Kaip vidinis maloningumas pasiekiamas per pašventinimą, didžiadvasiškumas išsiugdomas, atmetant pikta ir tampant pašventintais žmonėmis. Žinoma, net nepašventintas žmogus kartais gali pasielgti dorai ir didžiadvasiškai per išsilavinamą arba todėl, kad gimė su plačia širdimi, bet tikrasis didžiadvasiškumas sklinda iš širdies, kuri yra laisva nuo pikto ir vadovaujasi tik tiesa. Jeigu norime išsiugdyti tikrą didžiadvasiškumą, nepakanka išrauti pagrindines pikto šaknis iš savo širdies. Turime atsikratyti net piktybių pėdsakų (Pirmas laiškas tesalonikiečiams 5, 22).

Tai žodžiai iš Evangelijos pagal Matą 5, 48: *„Taigi būkite tokie tobuli, kaip jūsų dangiškasis Tėvas yra tobulas."* Kai atsikratome visų piktybių savo širdyje ir tampame nepeiktini žodžiais, darbais ir elgesiu, išsiugdome tokį maloningumą, kad daug žmonių atranda atilsį, būdami šalia mūsų. Todėl neturime nusiraminti, kai pagaliau atsikratome neapykantos, pavydo, įtarumo, puikybės ir ūmaus būdo. Turime kovoti net su menkiausias kūniškais darbais ir daryti tiesos darbus per Dievo žodžio pažinimą ir karštas maldas, Šventosios Dvasios vedami.

Kas yra kūniški darbai? Laiške romiečiams 8, 13 parašyta: *„Jei jūs gyvenate pagal kūną, mirsite. Bet jei Dvasia marinate kūniškus darbus, gyvensite."* Apaštalas Paulius čia kalba ne tik apie mūsų fizinį kūną. Dvasiškai kūnas reiškia žmogų, praradusį tiesą. Todėl kūniški darbai kyla iš melo, kuris užpildė kūniška tapusią žmoniją. Kūniški darbai apima ne tik akivaizdžias nuodėmes, bet ir visus mūsų netobulus darbus ir poelgius.

Praeityje turėjau įdomią patirtį. Kai paliesdavau bet kokį daiktą, pajusdavau kažką panašaus į elektros smūgį, ir kiekvieną kartą krūptelėdavau. Aš pradėjau bijoti bet ką paliesti. Prieš ką nors paliesdamas mintyse šaukiausi Viešpaties. Aš nieko nepajusdavau, kai labai atsargiai liesdavau daiktus. Atidarydamas duris laikiau jų rankeną labai švelniai. Turėjau būti labai atsargus, spausdamas rankas bažnyčioms nariams. Šis reiškinys truko kelis mėnesius, ir mano elgesys pasidarė labai atsargus ir švelnus. Vėliau supratau, kad per šią patirtį Dievas tobulino mano elgesį.

Galima laikyti tai smulkmena, bet žmogaus elgsena yra labai svarbi. Kai kurie žmonės turi įprotį liesti kitus, kai juokiasi ar kalbasi su kitais. Kiti kalba labai garsiai, nepaisydami laiko ir vietos, trikdydami greta esančius žmones. Tokia elgsena nėra sunki nuodėmė, bet tai vis tiek kūniški darbai. Išsiugdžiusieji didžiadvasiškumą pasižymi doru elgesiu savo kasdieniniame gyvenime, ir daug žmonių atranda ramybę, būdami prie jų.

Širdies keitimasis

Turime ugdyti savo širdį, kad įgytume tikrą didžiadvasiškumą. Jis priklauso nuo širdies dydžio. Pagal širdies dydį vieni žmonės padaro daugiau, negu iš jų tikimasi, kiti tiksliai įvykdo jiems duotas užduotis arba padaro truputį mažiau negu reikia. Didžiadvasiško žmogaus širdis didelė ir plati, todėl jis rūpinasi ne tik savo reikalais, bet ir kitais žmonėmis.

Laiškas filipiečiams 2, 4 sako: „*Ir žiūrėkite kiekvienas ne savo naudos, bet kitų.*" Ši širdies savybė keičiasi pagal tai, kaip plačiai atveriame širdį visose aplinkybėse, todėl galime išsiugdyti ją per nuolatines pastangas. Jeigu mes nekantriai rūpinamės tik savo asmeniniais interesais, turime uoliai melstis ir praplėsti savo siaurą protą, kad pirmiausia žiūrėtume kitų naudos.

Prieš būdamas parduotas į Egipto vergiją Juozapas buvo auginamas kaip augalas šiltnamyje. Jis negalėjo pasirūpinti visais namų reikalais ir suprasti savo brolių, kurių tėvas nemylėjo. Tačiau per įvairius išbandymus jis įgijo plačią širdį, branginančią visus aplinkinius, jis išmoko rūpintis kitais.

Dievas praplėtė Juozapo širdį, ruošdamas jį būti vyriausiuoju Egipto ministru. Kai išsiugdome plačią, maloningą ir tyrą širdį, galime vadovauti didelei organizacijai ir gerai tvarkyti reikalus. Maloninga širdis būtina vadovui.

Palaiminimai romiesiems

Kokie palaiminimai laukią tų, kas išsiugdys tobulą maloningumą, pašalinę iš širdies visas piktybes ir įgiję didžiadvasiškumą?

Evangelijoje pagal Matą 5, 5 pasakyta: *"Palaiminti romieji; jie paveldės žemę"* ir Psalmyne 37, 11: *"O romieji paveldės žemę ir gėrėsis gausia gerove."* Čia žemė simbolizuoja buveinę dangaus karalystėje, ir žemės paveldėjimas reiškia apdovanojimą didele garbe danguje. Kodėl jie turės didžiulę šlovę danguje? Maloningas žmogus stiprina kitų sielas mūsų Dievo Tėvo širdimi ir sujaudina jiems širdį. Kuo romesnis tampa žmogus, tuo daugiau ramybės ieškančių sielų glaudžiasi prie jo ir būna nukreipiamos į išganymo kelią. Jeigu tampame didžiais žmonėmis, patraukiančiais daugybę ieškančių ramybės žmonių, mes labai pasitarnaujame kitiems. Dangiška garbė, šlovė ir valdžia bus duota tiems, kas tarnauja. Evangelija pagal Matą 23, 11 sako: *"Kas iš jūsų didesnis, tebūnie jums tarnas."*

Romus žmogus džiaugsis didžia šlove ir paveldės dangaus buveinės žemę, kai nueis į dangų. Net šioje žemėje įgijusieji daug galios ir turtų, užsitarnavę pripažinimą ir autoritetą, turi daug pasekėjų. Tačiau, jeigu jie prarastų visus savo turtus ir valdžią, dauguma pasekėjų paliktų juos. Maloningo žmogaus dvasinis autoritetas yra kitoks negu šio pasaulio. Jis nepradingsta ir nesikeičia. Jo siela klesti šioje žemėje, ir jam viskas sekasi, o danguje jis amžinai bus Dievo labai mylimas ir daugybės sielų gerbiamas.

3. Meilė nepavydi

Uolūs studentai susirenka ir išanalizuoja atliktų testų klausimus, į kuriuos atsakė neteisingai. Jie išsiaiškina savo klaidų priežastis ir gerai įsisąmonina teisingus atsakymus. Šis metodas labai efektyvus, norint išmokti sudėtingus mokomuosius dalykus per trumpą laiką. Tas pats metodas tinka ir dvasinės meilės ugdymui. Jeigu išanalizuojame savo darbus ir žodžius ir atmetame savo ydas vieną po kitos, greičiau išsiugdome dvasinę meilę. Pažvelkime į kitą dvasinės meilės savybę – „Meilė nepavydi".

Pavydas pasireiškia kartėlio jausmu ir augančiu piktinimusi, peraugančiais į pikto darymą kitam žmogui. Jeigu turime pavydžių minčių, mus apima blogi jausmai, kai kas nors giria kitą žmogų ar rodo jam palankumą. Jeigu sutinkame už mus daugiau žinantį, turtingesnį ir kompetentingesnį žmogų arba vienam iš mūsų bendradarbiui sekasi, ir visi jį giria, mes pajuntame pavydą. Kartais net neapkenčiame to žmogaus ir norime, kad jis viską prarastų, niekiname jį.

Kartais mus apima nusivylimas, ir nuliūdę galvojame: „Jis visų numylėtinis, bet kas aš esu? Niekas!" Kitaip tariant, mes nuliūstame, nes lyginame save su kitais. Jausdami liūdesį galime manyti, kad tai ne pavydas, bet meilė džiaugiasi tiesa. Kitaip tariant, jei turime tikrą meilę, mes džiaugiamės, kai kitam sekasi. Nusiminimas, savęs smerkimas ir nesidžiaugimas tiesa rodo, kad mūsų ego arba savimeilė dar gyvuoja. Mūsų puikybė kenčia, kai jaučiamės menkesni už kitus.

Kai pavydžios mintys perauga į piktus žodžius ir darbus, jos tampa pavydu, kurį mini „Meilės skyrius". Kai pavydas išsikeroja, žmogus gali nuskriausti ar net nužudyti kitą. Pavydas atskleidžią piktą ir suteptą širdį, pavyduoliams sunku priimti išgelbėjimą (Laiškas galatams 5, 19-21). Pavydas yra aiškus kūno darbas, regima nuodėmė, jis būna kelių rūšių.

Pavydas romantiškuose santykiuose

Pavydas virsta veiksmais, kai žmogus tarpusavio santykiuose nori iš kito daugiau meilės negu gauna. Pavyzdžiui, dvi Jokūbo žmonos, Lėja ir Rachelė, pavydėjo viena kitai savo vyro. Lėja ir Rachelė buvo seserys, Jokūbo dėdės Labano dukterys.

Jokūbas vedė Lėją prieš savo valią, savo dėdės Labano apgautas. Iš tiesų Jokūbas mylėjo Lėjos jaunesnę seserį Rachelę, kuri tapo jo žmona po 14-os metų tarnavimo savo dėdei. Jokūbas mylėjo Rachelę labiau negu Lėją, bet pastaroji pagimdė jam keturis vaikus, o Rachelė negalėjo pastoti.

Tais laikais neturėti vaikų moteriai buvo gėda, ir Rachelė nuolat pavydėjo savo seseriai Lėjai. Pavydas taip apakino ją, kad ji grasino savo vyrui Jokūbui: *„Duok man vaikų, antraip aš mirsiu!"* (Pradžios knyga 30, 1).

Ir Rachelė, ir Lėja padarė savo tarnaites Jokūbo sugulovėmis, kad laimėtų jo meilę. Jeigu jų širdyse būtų buvę nors truputį tikros meilės, jos būtų džiaugęsi, kad vyras labiau myli kitą. Pavydas padarė nelaimingus juos visus – Lėją, Rachelę ir Jokūbą ir pakenkė net jų vaikams.

Pavydas, kai kitiems geriau sekasi

Kiekvieno žmogaus pavydo motyvas yra kitoks ir priklauso nuo jo gyvenimo vertybių, bet paprastai, kai kitas yra turtingesnis, protingesnis ir kompetentingesnis negu mes arba kitų labiau mylimas, mes imame pavydėti jam. Nesunku pajusti pavydą mokykloje, darbe ir namuose, kai kitam geriau sekasi negu mums. kai mūsų bendraamžis daugiau pasiekia, ir jam geriau sekasi negu mums, imame jo nekęsti ir šmeižti jį. Manome, kad žemindami kitus, tapsime populiaresni, ir mums geriau seksis.

Pavyzdžiui, kai kurie žmonės atskleidžia kitų klaidas ir ydas darbo vietoje, užtraukdami jiems nepagrįstą viršininkų įtarumą, nes taip siekia paaukštinimo tarnyboje. Net jauni moksleiviai nėra išimtis. Kartais mokiniai tyčiojasi iš gerai besimokančiųjų ir skriaudžia tuos, kuriuos mokytojai giria. Namuose vaikai kivirčijasi ir apkalba brolius ar seseris, kad pelnytų tėvų palankumą. Kiti tai daro, kad pasiglemžtų tėvų palikimą.

Kainas iš pavydo įvykdė pirmą žmogžudystę žmonijos istorijoje. Dievas priėmė tik Abelio atnašaujamą auką. kainas užsidegė pavydu ir galiausiai nužudė savo brolį Abelį. Tikriausiai jis daug kartų iš savo tėvų Adomo ir Ievos girdėjo apie gyvulių kraujo aukojimą. *„Taip pat bemaž viskas pagal įstatymą apvaloma krauju, ir be kraujo praliejimo nėra atleidimo"* (Laiškas hebrajams 9, 22).

Tačiau jis atnašavo tik dirbamos žemės vaisių aukas. Tuo tarpu Abelis iš širdies aukojo avies pirmagimį pagal Dievo valią. Kas nors gali sakyti, kad Abeliui buvo nesunku paaukoti ėriuką, nes jis buvo piemuo, bet priežastis buvo kita. Jis sužinojo Dievo valią iš tėvų ir norėjo ją vykdyti. Todėl Dievas priėmė tik Abelio auką. Kainas ėmė pavydėti savo broliui ir nesigailėjo dėl savo kaltės. Užsidegęs pavydu jis nebegalėjo jo užgesinti ir galiausiai nužudė savo brolį Abelį. Kiek skausmo jis suteikė Adomui ir Ievai!

Pavydas tarp tikėjimo brolių

Kai kurie tikintieji pavydi tikėjimo broliams ar seserims, kurie lenkia juos padėtimi, tikėjimu arba ištikimybe Dievui. Paprastai pavydas pasireiškia tarp panašaus amžiaus ir padėties tikinčiųjų, pažįstančių vienas kitą.

Evangelijoje pagal Matą 19, 30 parašyta: „*Tačiau daugel pirmų bus paskutiniai, ir daugel paskutinių – pirmi.*" Kartais tikintys mažiau metų negu mes, jaunesni ir mažiau tituluoti bažnyčios nariai pralenkia mus. Tuomet galime pajusti jiems stiprų pavydą. Toks pavydas pasireiškia ne tik tarp tos pačios bažnyčios tikinčiųjų, bet ir tarp pastorių, bažnyčių ar net skirtingų krikščioniškų organizacijų. Kai žmogus garbina Dievą, visi turi džiaugti kartu, bet atsiranda šmeižiančių kitus ir vadinančių eretikais, norinčių pažeminti kitų tikinčiųjų ar organizacijų vardą. Ką jaučia tėvai, kai jų vaikai kivirčijasi ir nekenčia vienas kito? Jie tikrai nesidžiaugia, net jeigu vaikai aprūpina juos maistu ir visais reikalingais daiktais. Jeigu tikintieji, to paties Dievo vaikai, kovoja ir kivirčijasi tarpusavyje arba pavydi vieni kitiems, jie labai liūdina mūsų Viešpatį.

Sauliaus pavydas Dovydui

Saulius buvo pirmasis Izraelio karalius. Jis iššvaistė savo gyvenimą, pavydėdamas Dovydui. Sauliui Dovydas buvo didvyris, išgelbėję jo šalį. Kai kareivių narsa išgaravo, pamačius filistinų milžiną Galijotą, Dovydas drąsiai stojo į kovą ir paklojo filistinų galiūną paprasta svaidykle. Ši dvikova atnešė pergalę Izraeliui. Paskui Dovydas pagirtinai atliko daug užduočių, saugodamas šalį nuo filistinų puolimų. Tuomet Sauliaus ir Dovydo santykiuose atsirado problemų. Saulius išgirdo labai jam nepatikusius šūkavimus minioje, sveikinusioje Dovydą, su pergale grįžtantį iš mūšio lauko: *„Saulius užmušė tūkstančius, o Dovydas – dešimtis tūkstančių!"* (Samuelio pirma knyga 18, 7).

Sauliui buvo labai nemalonu, įkyrios mintys nedavė ramybės: *„Kaip jie gali lyginti mane su Dovydu? Jis tik paprastas piemenėlis!"*

Jo pyktis tik augo, jam nuolat apie tai galvojant. Jis negalvojo apie tai, kad tauta pelnytai gyrė Dovydą, ir Sauliui pradėjo atrodyti, kad Dovydas įtartinai elgiasi. Turbūt Saulius galvojo, kad Dovydas pataikauja žmonėms, norėdamas užkariauti jų širdis. Saulius nukreipė į Dovydą visą savo pyktį. Jis galvojo: „Jeigu Dovydas jau palenkė žmonių širdis į savo pusę, sukilimas yra tik laiko klausimas!"

Pavydui išsikerojus, Saulius ieškojo progos nužudyti Dovydą. Vieną kartą piktosios dvasios kankino Saulių, o Dovydas grojo jam arfa. Saulius pasinaudojo proga ir sviedė ietį į jį. Laimei, Dovydas pasilenkė ir išvengė mirties. Tačiau Saulius neatsisakė ketinimo nužudyti Dovydą ir nuolat persekiojo jį su savo kariuomene.

Nepaisydamas viso šito Dovydas nenorėjo pakenkti Sauliui, nes karalius buvo Dievo pateptasis, ir Saulius tai žinojo. Tačiau Sauliaus pavydo ugnis vis labiau liepsnojo ir neatlyžo. Neramios mintys, kylančios iš pavydo, nuolat kankino jį. Iki pat savo mirties mūšyje su filistinais Saulius neturėjo ramybės dėl pavydo Dovydui.

Žmonės, pavydėję Mozei

Skaičių knygos 16-as skyrius rašo apie Korachą, Dataną ir Abiramą. Korachas buvo levitas, o Datanas ir Abiramas – Rubeno palikuonys. Jie pavydėjo Mozei ir jo broliui bei padėjėjui Aaronui. Jie piktinosi, kad Mozė buvo Egipto princu ir dabar valdo juos, buvęs bėglys ir piemuo Midjane. Jie patys norėjo būti vadovais ir ėmė ieškoti savo šalininkų.

Korachas, Datanas ir Abiramas subūrė 250 savo pasekėjų ir tikėjosi užgrobti valdžią. Jie nuėjo pas Mozę ir Aaroną ir pasakė: *„Per toli nuėjote! Juk visa bendrija, visi iki vieno yra šventi, ir VIEŠPATS yra tarp jų. Tad kodėl keliate save aukščiau už VIEŠPATIES bendriją?"* (Skaičių knyga 16, 3).

Nors jie nesivaržydami kaltino jį, Mozė jiems nieko neatsakė. Jis tik suklupo prieš Dievą melstis, davė jiems laiko suprasti savo kaltę ir prašė Dievo sprendimo. Tuomet Dievas užsirūstino ant Koracho, Abiramo, Datano ir jų pasekėjų. Žemė pravėrė savo burną, ir Korachas, Datanas ir Abiramas kartu su jų žmonomis ir vaikais nugrimzdo gyvi į Šeolą. Taip pat VIEŠPATIES ugnis prasiveržė ir sunaikino anuos du šimtus penkiasdešimt vyrų, atnašavusių smilkalus.

Mozė neskriaudė žmonių (Skaičių knyga 16, 15). Jis labai gerai vadovavo tautai. Jis laikas nuo laiko parodydavo, kad Dievas buvo su jais, darydamas ženklus ir stebuklus. Jis parodė dešimt Egipto bausmių, perėjo su tauta per Raudonąją jūrą sausu dugnu, perskyręs ją į dvi dalis; davė žmonėms vandens iš uolos, parūpino manos ir putpelių dykumoje. Tačiau jie vis tiek apkalbinėjo Mozę ir sukilo, sakydami, kad jis aukštinasi.

Dievas parodė žmonėms, kokia sunki nuodėmė buvo pavydėti Mozei. Teisti ir smerkti žmogų, kurį Dievas paskyrė, yra tas pats, kas teisti ir smerkti patį Dievą. Todėl neturime neatsakingai kritikuoti bažnyčių ir organizacijų, veikiančių Viešpaties vardu, sakydami, kad jos klysta arba skleidžia erezijas. Mes visi esame broliai ir seserys Dieve, ir pavydas tarp mūsų yra sunki nuodėmė prieš Dievą.

Pavydas dėl beprasmių dalykų

Ar pavydėdami gausime, ko norime? Tikrai ne! Galime įstumti kitus į sunkią padėtį ir manyti, kad pralenkėme juos, bet negausime visko, ko norime. Jokūbo laiške 4, 2 parašyta: *„Geidžiate ir neturite? Tuomet žudote. Pavydite ir negalite pasiekti? Tuomet kovojate ir kariaujate."*

Užuot pavydėję, prisiminkime, kas parašyta Jobo knygoje 4, 8: *„Kalbu iš patirties: kas pikta aria ir bėdą sėja, tas tai ir pjauna."* Pikti darbai, kuriuos darai, sugrįš pas tave kaip bumerangas.

Atpildas už pasėtas piktybes gali būti nelaimės šeimoje ar darbovietėje. Patarlių knyga 14:30 sako: *„Ramus protas teikia kūnui gyvastį, o pavydas pūdo kaulus."* Pavydas yra žalingas ir visiškai beprasmis. Todėl, jeigu norite pralenkti kitus, prašykite Dievo, kuris viską valdo, užuot eikvoję savo energiją pavydžioms mintims ir darbams.

Žinoma, negalite gauti visko, ko prašote. Jokūbo laiškas 4, 3 sako: „*Jūs prašote ir negaunate, nes negerai prašote – tik savo įnoriams patenkinti.*" Jeigu prašai ko nors savo geiduliams patenkinti, nieko negausi, nes tai ne Dievo valia, bet dažnai žmonės prašo, paklusdami savo geiduliams. Jie prašo turto, garbės ir valdžios savo patogumui ir puikybei. Tai liūdina mane tarnystėje. Tikrasis palaiminimas yra ne turtas, garbė ir valdžia, bet sielos klestėjimas.

Kad ir kiek brangių daiktų jūs turėtumėte, kokia nauda iš jų, jeigu jūsų siela neišgelbėta? Atsiminkime, kad visi šios žemės daiktai išnyks kaip migla. Jono pirmas laiškas 2, 17 sako: „*Praeina pasaulis ir jo geismai. Kas vykdo Dievo valią, tas išlieka per amžius.*" Mokytojo knygoje 12, 8 parašyta: „*Miglų migla! – sako Mokytojas. Viskas migla!*"

Viliuosi, kad jūs nepavydėsite savo broliams ir seserims beprasmių pasaulio dalykų, bet turėsite širdį, teisią Dievo akyse. Tuomet Dievas suteiks tai, ko trokšto jūsų širdis, ir dovanos jums amžiną dangaus karalystę.

Pavydas ir dvasinė aistra

Žmonės tiki į Dievą, tačiau pavydi, nes turi mažai tikėjimo ir meilės. Jeigu jums stinga meilės Dievui ir turite mažą tikėjimą dangaus karalyste, galite imti pavydėti šio pasaulio turtų, garbės ir valdžios. Jeigu esate tvirtai įsitikinę, kad esate Dievo vaikai ir dangaus piliečiai, broliai ir seserys Kristuje jums daug brangesni negu šeima šiame pasaulyje, nes jūs tikite, kad amžinai gyvensite su jais danguje.

Net netikintieji, nepriėmę Jėzaus Kristaus, yra brangūs, ir turime vesti juos į dangaus karalystę. Tikėdami ir ugdydami tikrą meilę savyje išmoksime mylėti savo artimą kaip save patį. Tuomet, kai kiti bus pasiturintys, mes džiaugsimės kaip patys būdami pasiturintys. Įgiję tikrą tikėjimą neieškosime beprasmių pasaulio dalykų, bet stengsimės uoliai daryti Viešpaties darbus, kad užkariautume dangaus karalystę. Mes turėsime dvasinę aistrą.

Nuo Jono Krikštytojo dienų iki dabar dangaus karalystė jėga puolama, ir smarkieji ją sau grobia
(Evangelija pagal Matą 11, 12).

Dvasinė aistra skiriasi nuo pavydo. Svarbu trokšti būti entuziastingam ir ištikimam Viešpaties darbe, bet jeigu ši aistra nueina per toli ir nutolsta nuo tiesos ar kenkia kitiems, ji nepriimtina. Būdami užsidegę darbu Viešpačiui turime matyti mus supančių žmonių poreikius, ieškoti jų naudos ir taikos su visais.

4. Meilė nesididžiuoja

Kai kurie žmonės visada giriasi. Jiems nerūpi, kaip kiti jaučiasi, girdėdami jų gyrimąsi. Jie puikuojasi tuo, ką turi, siekdami kitų pripažinimo. Juozapas gyrėsi savo sapnu, kai buvo berniukas ir sukurstė savo brolių neapykantą. Tėvas ypatingai mylėjo jį, ir jis nesuprato savo brolių širdies. Vėliau jis buvo parduotas į Egipto vergiją, patyrė daug išbandymų ir galiausiai išsiugdė dvasinę meilę. Prieš išsiugdydami dvasinę meilę žmonės dažnai sėja nesantaiką didžiuodamiesi ir aukštindami save. Todėl Dievas sako: „Meilė nesididžiuoja."

Paprastai tariant, didžiavimasis yra noras pasirodyti. Paprastai žmonės nori būti pripažinti, jei padaro ar turi ko nors daugiau negu kiti. Koks būna jų didžiavimosi poveikis?

Pavyzdžiui, tėvai labai didžiuojasi savo vaiku, kuris gerai mokosi. Kiti žmonės galėtų džiaugtis su jais, bet dažniausiai jų puikybė būna užgauta, ir jie jaučia kartėlį. Dažnai jie pradeda be jokio pagrindo blogai kalbėti apie tą vaiką. Kad ir kaip gerai mokosi jūsų vaikas, jeigu turite nors truputį gerumo ir pagarbos kitų jausmams, jūs nesigirsite savo vaiku. Jūs norėsite, kad ir jūsų artimo vaikas gerai mokytųsi, ir su džiaugsmu pagirsite jį, kai jam seksis.

Tie, kas didžiuojasi, paprastai nenori pripažinti ir pagirti kitų žmonių gerai atliktų darbų bei linkę žeminti kitus, nes bijo likti nepastebėti, kitiems pelnius pripažinimą. Taip didžiavimasis atneša bėdos. Besididžiuojanti širdis yra toli nuo tikros meilės. Galite manyti, kad puikuodamiesi pelnysite pripažinimą, bet tai tik trukdys jums priimti nuoširdžią pagarbą ir meilę. Jūs užsitrauksite aplinkinių antipatiją ir pyktį. „*O dabar jūs giriatės iš savo pasipūtimo, ir kiekvienas toks gyrimasis yra netikęs*" (Jokūbo 4, 16).

Gyvenimo puikybė kyla iš meilės pasauliui

Kodėl žmonės giriasi? Todėl, kad turi širdyje gyvenimo puikybės. Gyvenimo puikybė yra puikavimasis šio pasaulio malonumais. Ji kyla iš meilės pasauliui. Paprastai žmonės giriasi dalykais, kurie jiems svarbūs. Kas myli pinigus, giriasi, kad turi daug pinigų, o kam svarbi išvaizda, tas giriasi savo apdarais. Kitaip tariant, pinigai, išvaizda, garbė arba valdžia jiems svarbesni už Dievą.

Vienas mūsų bažnyčios narys turėjo sėkmingą verslą, pardavinėdamas kompiuterius Korėjos bendrovių konglomeratams. Jis pasiėmė daug paskolų ir investavo į interneto kavinių ir internetinės televizijos verslą. Jis įkūrė bendrovę, kurios pradinis kapitalas buvo du milijardai vonų, tai maždaug du milijonai JAV dolerių.

Bet apyvarta buvo lėta, nuostoliai didėjo, ir jo bendrovė subankrutavo. Jo namas buvo parduotas varžytynėse, kreditoriai persekiojo jį. Jis ieškojo išsinuomoti mažo kambarėlio rūsyje arba pastogėje. Tuomet jis ėmė gilintis į save. Jis suprato, kad troško didžiuotis savo sėkme ir buvo godus pinigų. Jis suvokė, kad apsunkino gyvenimą aplinkiniams, išplėsdamas savo verslą ne pagal savo galimybes.

Jis atgailavo prieš Dievą iš visos širdies, atsikratė godumo ir tapo laimingas, nors pragyveno iš nuotekų vamzdžių ir septinių rezervuarų. Dievas atsižvelgė į jo padėtį ir parodė, kokio naujo verslo imtis. Dabar jis elgiasi teisingai, ir jo verslas klesti.

Jono pirmas laiškas 2, 15-16 sako: *„Nemylėkite pasaulio, nei to, kas yra pasaulyje. Jei kas myli pasaulį, nėra jame Tėvo meilės, nes visa, kas pasaulyje, tai kūno geismas, akių geismas ir gyvenimo puikybė, o tai nėra iš Tėvo, bet iš pasaulio."*

Ezekijas, tryliktas Judo karalius, buvo doras Dievo akyse ir apvalė šventyklą. Jis nugalėjo užpuolikus asirus per maldą, o susirgęs meldėsi su ašaromis, ir jo gyvenimas buvo pratęstas 15 metų. Tačiau jis dar turėjo gyvenimo puikybės. Kai jis pasveiko, Babilonas atsiuntė savo pasiuntinius.

Ezekijas taip džiaugėsi, priimdamas juos, kad parodė jiems visus savo rūmų turtus, sidabrą, auksą, prieskonius, brangius aliejus ir ginklų arsenalą – viską, kas buvo jo iždė. Dėl jo didžiavimosi Babilonas užpuolė Judą ir pagrobė visus turtus (Izaijo knyga 39, 1-6). Gyrimasis kyla iš meilės pasauliui ir reiškia, kad žmogus neturi meilės Dievui. Todėl ugdydamiesi tikrą meilę turime išmesti gyvenimo puikybę iš savo širdies.

Gyrimasis Viešpačiu

Gyrimasis gali būti ir geras. Tai gyrimasis Viešpačiu, kaip parašyta Antrame laiške korintiečiams 10, 17: *„Kas nori girtis, tesigiria Viešpačiu!"* Girtis Viešpačiu reiškia atiduoti garbę Dievui, ir kuo daugiau, tuo geriau. Gero gyrimosi pavyzdys yra liudijimas apie Jėzų.

Paulius laiške galatams 6,14 sako: *„Bet aš nieku nesigirsiu,*

nebent mūsų Viešpaties Jėzaus Kristaus kryžiumi, dėl kurio pasaulis man yra nukryžiuotas ir aš – pasauliui."
Mes giriamės Jėzumi Kristumi, kuris išgelbėjo mus ir davė mums dangaus karalystę. Mes buvome pasmerkti amžinajai mirčiai dėl savo nuodėmių, bet Jėzus ant kryžiaus sumokėjo už mūsų nuodėmes, kad gautume amžinąjį gyvenimą. Kokie dėkingi mes turime būti!
Apaštalas Paulius gyrėsi savo silpnumais. Antrame laiške korintiečiams 12, 9 parašyta: „Bet man jis [Viešpats] atsakė: ,Gana tau mano malonės, nes mano galybė tampa tobula silpnume.' Todėl aš mieliausiu noru girsiuosi silpnumais, kad Kristaus galybė apsigyventų manyje."
Iš tiesų Paulius padarė daugybę ženklų ir stebuklų, žmonės net dėdavo ant ligonių jo kūną lietusias skepetėles, prijuostes, ir nuo jų pasitraukdavo ligos. Jis atliko tris misionieriaus keliones, atvedė labai daug žmonių pas Viešpatį ir įkūrė bažnyčias daugybėje miestų. Tačiau jis sakė, kad tai ne jo nuopelnas, tik Dievo malonė ir Viešpaties galia leido jam tai padaryti.

Šiandien daug žmonių liudija apie susitikimą su gyvuoju Dievu ir Jo patirtį kasdieniniame gyvenime. Jie dalina Dievo meilę, pasakodami, kaip buvo išgydyti nuo ligų, palaiminti finansiškai ir apdovanoti taika šeimoje, uoliai ieškodami Dievo ir darydami Jo meilės darbus.
Patarlių knygoje 8, 17 parašyta: „Aš myliu mane mylinčius, o manęs stropiai ieškantys mane suranda." Jie dėkoja už patirtą Dievo meilę ir įgyja didelį tikėjimą, gauna dvasinius palaiminimus. Toks gyrimasis Viešpačiu atneša garbę Dievui ir sėja tikėjimą bei gyvybę žmonių širdyse. Taip elgdamiesi

krauname sau lobį danguje, ir greičiau išsipildo mūsų širdies troškimai.

Tačiau liudydami turi saugotis vieno dalyko. Kai kas sako, kad atiduoda garbę Dievui, bet iš tiesų stengiasi išgarsinti save arba savo darbus. Jie netiesiogiai užsimena, kad buvo palaiminti dėl savo pastangų. Atrodo, kad jie atiduoda garbę Dievui, bet iš tiesų prisiskiria sau visus nuopelnus. Šėtonas apkaltins tokius žmones. Galų gale jie sulauks gyrimosi pasekmių – įvairių sunkumų ir išbandymų arba nusigręš nuo Dievo, jei niekas jų nepripažins.

Laiškas romiečiams 15, 2 sako: *„Kiekvienas mūsų tesirūpina būti artimui malonus jo labui ir pažangai."* Visada turime rūpintis mus supančiųjų pažanga ir įlieti jiems gyvybės. Kaip vanduo išsivalo, tekėdamas per filtrą, taip ir mes prieš kalbėdami turime filtruoti savo žodžius – pagalvoti, ar jie tarnaus klausytojų pažangai ir neužgaus jų.

Gyvenimo puikybės atmetimas

Net jeigu žmonės turi daug kuo pasigirti, niekas negyvens amžinai. Po žemiškojo gyvenimo kiekvienas eis į dangų arba pragarą. Danguje net gatvės bus iš aukso, jo lobiai nepalyginami su šio pasaulio turtais. Todėl gyrimasis šiame pasaulyje yra visiškai beprasmis. Jei žmogus turi daug turto, garbės, žinių ir valdžios, ar pasigirs jais, jei nueis į pragarą?

Jėzus pasakė: *„Kokia gi žmogui nauda, jeigu jis laimėtų visą pasaulį, o pakenktų savo gyvybei?! Arba kuo žmogus galėtų išsipirkti savo gyvybę? Juk Žmogaus Sūnus ateis savo Tėvo šlovėje su savo angelais, ir tuomet jis atlygins kiekvienam pagal* *jo darbus* " (Evangelija pagal Matą 16, 26-27).

Pasaulio gyrimasis negali duoti amžinojo gyvenimo ir laimės, tik kursto beprasmius troškimus ir veda į pražūtį. Kai suprasime tai ir pripildysime savo širdį dangaus viltimi, įgysime jėgų atmesti gyvenimo puikybę. Panašiai vaikui būna lengva išmesti savo seną ir bevertį žaislą, kai jis gauna dovanų naują ir brangų. Kai žinome apie mūsų laukiančią nuostabią dangaus karalystę, mes nesikabiname į laikinus šio pasaulio dalykus.

Kai atsikratysime gyvenimo puikybės, mes girsimės tik Jėzumi Kristumi. Mes žinosime, kad neverta girtis niekuo šiame pasaulyje ir didžiuosimės tik amžinąja garbe, laukiančia mūsų dangaus karalystėje. Mes būsime kupini niekada anksčiau nepažinto džiaugsmo. Net sunkiomis gyvenimo akimirkomis, mums neatrodys, kad jos labai sunkios. Mes tik dėkosime už meilę Dievui, kuris atidavė savo viengimį Sūnų Jėzų, kad išgelbėtų mus, todėl mes esame pilni džiaugsmo visose aplinkybėse. Jeigu neieškosime gyvenimo puikybės, nesipūsime giriami ir nepulsime į neviltį barami bet nuolankiai pasitikrinsime savo širdį, kai mus giria, ir padėkosime už pabarimą bei stengsimės pasitaisyti.

5. Meilė neišpuiksta

Tie, kas nuolatos giriasi, greitai ima jaustis geresni už kitus ir išpuiksta. Jeigu jiems sekasi, jie mano, kad priežastis yra tik jų pastangos ir nuopelnai, todėl išpuiksta arba aptingsta. Biblijoje pasakyta, kad viena iš labiausiai Dievo neapkenčiamų piktybių yra puikybė. Taip pat išpuikimas buvo pagrindinė priežastis, dėl kurios žmonės statė Babelio bokštą, norėdami varžytis su Dievu, ir tuomet Dievas sumaišė žmonių kalbą, jie nebesuprato, ką sako vienas kitam.

Išpuikusio žmogaus savybės

Išpuikęs žmogus mano, kad kiti yra prastesni už jį, ir žiūri į juos su panieka ir nepagarba. Išpuikėlis jaučiasi pranašesnis už kitus visais aspektais. Jis mano esąs geriausias. Jis niekina aplinkinius, žiūri iš aukšto į kitus ir bando visais klausimais visus pamokyti. Jis greitai parodo savo išpuikimą tiems, kas atrodo mažesni už jį. Kartais jis taip išpuiksta, kad rodo nepagarbą savo mokytojams ir vadovams, esantiems aukščiau jo verslo ar socialinėje hierarchijoje. Jis neklauso patarimų, nepaiso vyresniųjų duotų nurodymų ir įspėjimų. Jis ginčijasi ir galvoja: „Mano viršininkas sako tai tik todėl, kad nieko nesupranta" arba pareiškia: „Aš viską žinau ir puikiai pats susitvarkysiu."

Toks žmogus sukelia daug vaidų ir kivirčijasi su kitais. Patarlių knyga 13, 10 sako: „*Kvailas žmogus įžūlumu sėja vaidus, o išmintis atitenka priimantiems patarimą.*"

Antrame laiške Timotiejui 2, 23 parašyta: *„O kvailų ir nemokšiškų ginčų venk, žinodamas, kad jie veda į barnius."* Todėl labai kvaila ir neteisinga galvoti, kad tu vienas esi teisus.

Kiekvienas žmogus turi skirtingą supratimą ir pažinimą, nes kiekvienas yra matęs, girdėjęs, patyręs ir išmokęs skirtingų dalykų. Tačiau visi daug ką žino ir supranta neteisingai, o kai ką neteisingai prisimena. Jeigu klaidingas pažinimas įsitvirtina per ilgą laiko tarpą, mumyse susiformuoja nepagrįstas įsitikinimas savo teisumu ir klaidingi mąstysenos šablonai. Pasikliauti savo teisumu reiškia manyti, kad tik mano nuomonė yra teisinga, ir tai tampa mąstysenos šablonu. Žmonės susikuria mąstysenos šablonus pagal savo charakterį ir turimas žinias.

Šabloniška mąstysena yra kaip žmogaus kūno skeletas. Kai jis susiformuoja, sunku jį sulaužyti. Daugumos žmonių mintys kyla iš savojo teisumo ir mąstysenos šablonų. Žmogus, turintis nevisavertiškumo jausmą labai jautriai reaguoja, jei kiti kuo nors jį kaltina. Arba, jeigu turtingas žmogus pasitaiso savo drabužius, aplinkiniai galvoja, kad jis puikuojasi savo brangiais apdarais. Jeigu kas nors kalbėdamas naudoja sudėtingus ir sunkiai suprantamus žodžius, žmonės galvoja, kad jis puikuojasi savo žiniomis ir jaučiasi pranašesnis už juos.

Pradinėje mokykloje išgirdau iš mokytojos, kad Laivės statula stovi San Franciske. Gerai prisimenu jos rodytą nuotrauką ir Jungtinių Valstijų žemėlapį. 1990-siais nuvykau į Jungtines Valstija vadovauti, jungtiniam prabudimo susirinkimui. Tik tuomet sužinojau, kad Laisvės statula iš tiesų stovi Niujorke.

Man ši statula turėjo būti San Franciske, ir aš nesupratau, kodėl ji atsirado Niujorke. Paklausiau aplinkinių, ir jie atsakė, kad ji visada buvo Niujorke. Aš suvokiau, kad mano laikytos teisingomis žinios apie šią statulą iš tiesų buvo neteisingos. Tą akimirką dar pagalvojau, kad kas nors, kuo tikiu kaip tiesa, taip pat gali būti netiesa. Daug žmonių tiki ir kovoja už tai, kas yra netiesa. Net ir akivaizdžiai klysdami išpuikusieji to nepripažįsta, gina savo nuomonę ir kelia vaidus. Tačiau romieji nesiginčija, net kai kitas klysta. Net ir šimtu procentų įsitikinę, kad yra teisūs, jie vis tiek mano, jog gali klysti, nes neturi jokio noro laimėti ginčo prieš kitus.

Nuolanki širdis turi dvasinę meilę, kuri kitus laiko geresniais už save. Net kai kitiems blogiau sekasi, jie mažiau išsilavinę ar užima žemesnę socialinę padėtį, įgiję nuolankumo mes nuoširdžiai laikysime juos geresniais už save. Mums visos sielos bus labai brangios, nes Jėzus praliejo savo kraują už jas.

Kūniškas išpuikimas ir dvasinė puikybė

Kai žmogus savo veiksmais akivaizdžiai puikuojasi, stengiasi pasirodyti ir iš aukšto žiūri į kitus, jam nesunku pamatyti savo išpuikimą. Kai priimame Viešpatį ir sužinome tiesą, mums būna nesunku atsikratyti kūniško išpuikimo savybių. Tačiau kur kas sunkiau suprasti ir atmesti savo dvasinę puikybę. Kas yra dvasinė puikybė?

Kai jūs reguliariai lankotės bažnyčioje ilgą laiką, sukaupiate daug žinių iš Dievo žodžio. Jūs galite gauti pareigas bažnyčioje arba būti išrinkti vyresniaisiais. Paskui jums gali atrodyti, kad išsiugdėte gilų Dievo žodžio pažinimą savo širdyje, ir jūs imate galvoti: „Aš tiek daug pasiekiau. Mano supratimas apie beveik viską yra teisingas!" Tuomet pradėsite kritikuoti, teisti ir smerkti kitus turimomis Dievo žodžio žiniomis, manydami, kad tik atskiriate gėrį nuo blogio ir vadovaujatės tiesa. Kai kurie bažnyčių vadovai ieško savo naudos ir sulaužo bažnyčios taisykles, kurių turi laikytis. Jie sąmoningai savo veiksmais nepaiso bažnyčios taisyklių, bet galvoja: „Man galima, nes einu svarbias pareigas. Aš esu išimtis." Šios save aukštinančios mintys yra dvasinė puikybė. Jeigu išpažįstame Dievo meilę, nepaisydami Jo įsakymų ir aukštindamiesi širdyje, mūsų išpažinimas melagingas. Jeigu teisiame ir smerkiame kitus, mes neturime tikrosios meilės. Tiesa moko mus žiūrėti, klausytis ir kalbėti tik tai, kas gera kituose.

Broliai, neapkalbinėkite vieni kitų! Kas apkalbinėja arba teisia savo brolį, tas apkalbinėja ir teisia įstatymą. O jeigu tu teisi įstatymą, vadinasi, esi ne įstatymo vykdytojas, bet teisėjas (Jokūbo laiškas 4, 11).

Kaip jūs jaučiatės, kai pamatote kitų silpnybes?
Jack Kornfield savo knygoje „*Atleidimo, mielaširdystės ir taikos menas*" (The Art of Forgiveness, Lovingkindness, and Peace) aprašo mums neįprastą kovą su blogu elgesiu.

„Babembos gentyje, Pietų Afrikoje, kai žmogus pasielgia neatsakingai arba neteisingai, jį atveda į kaimo centrą, vieną ir nesupančiotą. Visi darbai nutrūksta, ir visi kaimo vyrai, moterys ir vaikai susiburia į didelį ratą aplink kaltinamąjį. Paskui kiekvienas genties narys paeiliui kreipiasi į kaltinamąjį ir primena jam, kokius gerus darbus jis padarė per savo gyvenimą. Tiksliai ir su visomis smulkmenomis papasakojamas kiekvienas prisimintas įvykis ir patyrimas. Visi išsamiai ir neskubėdami pasakoja apie visas jo teigiamas savybes, gerus darbus, stiprybes ir gerumą. Ši genties ceremonija dažnai trunka kelias dienas. Pabaigoje genties ratas išyra, prasideda džiaugsminga šventė ir nusikaltęs asmuo simboliškai ir tiesiogiai būna vėl priimtas į gentį."

Šio ritualo metu nusižengusieji atgauna savigarbą ir nusiteikia daryti gera savo genčiai. Šis unikalus teismas toks veiksmingas, kad, pasak žmonių, nusikaltimų beveik nebūna toje bendruomenėje.

Kai matome kitų kaltes, pagalvokime, ar teisiame ir smerkiame juos, ar pirmiausia pajuntam gailestį ir užuojautą širdyje. Taip galime pasitikrinti, kiek nuolankumo ir meilės išsiugdėme. Nuolat tikrindami save neturime pasitenkinti tuo, ką pasiekėme, net jei esame tikintys ilgą laiką.

Prieš tapdami tobulai pašventinti, visi turi palankią puikybei prigimtį. Todėl labai svarbu išrauti įgimtos puikybės šaknis. Puikybė gali bet kada išsikeroti, jeigu karštomis maldomis neišrausime jos su visomis šaknimis. Piktžolės labai greitai atauga, jeigu neišrauname jų šaknimis. Kitaip tariant, jeigu iki galo neišrauname nuodėmingos prigimties iš savo širdies, puikybė sugrįžta, pagyvenus tikėjime ilgesnį laiką. Todėl turime nuolat nusižeminti prieš Viešpatį kaip vaikai, laikyti kitus geresniais už save ir ugdyti dvasinę meilę savo širdyje.

Išpuikusieji tiki savimi

Nebukadnecaras pradėjo Babilono aukso erą. Jo laikais buvo sukurtas vienas iš pasaulio stebuklų, kabantys sodai. Jis didžiavosi savo karalyste ir galybe, prisiimdamas sau visus nuopelnus. Jis padarė savo statulą ir vertė žmones garbinti ją. Danieliaus knygoje 4, 27 parašyta: *„Karalius tarė sau: ,Argi ne šaunus tas Babilonas, kurį pasistačiau didele galybe kaip karališką buveinę savo didenybės garbei?'"*

Dievas leido jam suprasti, kas yra tikrasis pasaulio valdovas (Danieliaus knyga 4, 28-29). Karalius buvo išvarytas iš rūmų, ėdė žolę kaip jaučiai ir gyveno kaip laukinis žvėris tyruose septynerius metus. Ar jam svarbus buvo sostas tuo laikotarpiu? Mes nieko negalime gauti, jeigu Dievas neleidžia. Nebukadnecaras sugrįžo į protą po septynerių metų. Jis suprato savo puikybę ir nusilenkė Dievui. Danieliaus knygoje 4, 34 parašyta: *„Dabar aš, Nebukadnecaras, šlovinu, aukštinu ir garbinu Dangaus Karalių, nes visi jo darbai teisingi ir jo keliai teisūs; jis gali pažeminti išdidžiai besielgiančius."*

Ne tik Nebukadnecaras buvo išpuikęs. Ir dabar kai kurie netikintieji sako: „Aš tikiu savimi." Tačiau jiems nelengva nugalėti pasaulį. Daug pasaulio problemų yra neįveikiamos žmogaus jėgomis. Net naujausios mokslo žinios ir technologijos yra bejėgės prieš gaivalines nelaimes, pavyzdžiui, taifūnus, žemės drebėjimus ir kitas.

O kiek ligų nepasiduoda jokiems, net patiems naujausiems vaistams? Tačiau daugybė žmonių pasikliauja savimi, bet ne Dievu, susidūrę su įvairiausiais sunkumais. Jie pasitiki savo mintimis, patirtimi ir žiniomis. Tačiau kai jiems nesiseka, susidūrę su problemomis jie burnoja prieš Dievą, nepaisydami savo netikėjimo. Dėl to kalta puikybė, gyvenanti jų širdyje. Dėl savo puikybės žmonės nepripažįsta savo silpnumo, negali nusižeminti ir pripažinti Dievo.

Dar labiau apgailėtina, kai tikintieji pasikliauja pasauliu ir savimi, bet ne Dievu. Dievas nori, kad Jo vaikai klestėtų ir gyventų Jo padedami. Tačiau jeigu jūs nenorite nusižeminti prieš Dievą dėl savo išpuikimo, Jis negali padėti jums. Tuomet jūs negalite tikėtis būti apsaugoti nuo priešo velnio ir klestėti savo darbuose. Dievas sako Patarlių knygoje 18, 12: *„Prieš žūtį žmogaus širdis puikuojasi, o prieš garbę eina nusižeminimas."* Nesėkmių ir žlugimų priežastis yra niekas kitas, tik mūsų puikybė.

Dievas laiko išpuikėlius kvailiais. Palyginti su Dievu, kurio sostas yra dangus, o žemė – pakojis, koks mažas yra žmogus? Visi žmonės buvo sukurti pagal Dievo paveikslą, ir mes esame lygūs kaip Dievo vaikai, nepaisant mūsų užimamos aukštos ar žemos padėties. Nesvarbu, kiek turime daiktų ir dalykų, kuriais puikuojamės šiame pasaulyje, gyvenimas šioje žemėje yra tik akimirka. kai šis trumpas gyvenimas pasibaigs, kiekvienas stos prieš Dievo teismą. Mes būsime išaukštinti danguje pagal tai, ką padarėme nusižeminę šioje žemėje, nes Viešpats mus išaukštins, kaip pasakyta Jokūbo laiške 4, 10: *„Nusižeminkite prieš Viešpatį, tai jis jus išaukštins."*

Stovėdamas mažame klane vanduo sugenda, ir kirmėlės apsigyvena jame, bet tekėdamas žemyn jis galiausiai pasiekia jūrą ir suteikia gyvybę daugybei gyvų būtybių. Taip pat ir mes nusižeminkime, kad taptume dideli Dievo akyse.

Dvasinės meilės savybės I	1. Ji kantri
	2. Ji maloninga
	3. Ji nepavydi
	4. Ji nesididžiuoja
	5. Ji neišpuiksta

6. Meilė nesielgia netinkamai

Geros manieros arba etiketas yra socialiai teisingas elgesio būdas, apibrėžiantis žmonių nuostatas ir poelgius su kitais. Kultūrinis etiketas turi plačią formų įvairovę mūsų kasdieniniame gyvenime, mes laikomės etiketo kalbėdami, pietaudami ir elgdamiesi viešose vietose, pavyzdžiui, teatre. Geros manieros yra svarbi mūsų gyvenimo dalis. Socialiai priimtinas elgesys tinkamoje vietoje ir tinkamu laiku paprastai sukelia kitiems malonų įspūdį. Priešingai, jeigu elgiamės netinkamai ir nepaisome elementaraus etiketo, aplinkiniai pasijunta nemaloniai. Dar daugiau, jeigu sakome, kad mylime kokį nors žmogų, bet netinkamai elgiamės su juo, jam sunku patikėti, kad mes tikrai jį mylime.

„*Lietuvių kalbos žodynas*" apibrėžia netinkamą elgesį kaip „nepadorų, nepaisantį doros normų, nemoralų, negerą ir nemandagų." Mes laikomės daug įvairių kultūrinio etiketo standartų savo kasdieniniame gyvenime, pavyzdžiui, sveikindamiesi arba kalbėdamiesi. Mūsų nuostabai, daug žmonių net nesupranta, kad jų elgesys netinkamas, šiurkščiai elgdamiesi. Ypač lengva pasielgti netinkamai su artimaisiais. Visi jaučiamės laisvai su kai kuriais žmonėmis, todėl dažnai šiurkščiai pasielgiame su jais arba nesilaikydami etiketo.

Jeigu tikrai mylime, niekada nesielgiame netinkamai. Jeigu turėtumėte labai brangų ir gražų brangakmenį, ar elgtumėtės su juo nerūpestingai? Jūs rūpestingai saugotumėte jį, kad neprarastumėte ar nepamestumėte. Ar ne daug labiau turite branginti žmogų, jeigu tikrai mylite jį?

Netinkamas elgesys gali būti suskirstytas į dvi kategorijas: prieš Dievą ir prieš žmones.

Netinkamas elgesys prieš Dievą

Net tarp tikinčiųjų, kurie sako, kad myli Dievą, yra daug tokių, kurių darbai ir žodžiai rodo, kad jie labai toli nuo mylinčio Dievo. Pavyzdžiui, snūduriavimas pamaldų metu yra vienas yra vienas iš dažniausių netinkamo elgesio prieš Dievą pavyzdžių.

Snaudimas pamaldose yra tas pats, kas snaudimas paties Dievo akivaizdoje. Labai nemandagu snausti valstybės prezidento surengtame priėmime arba bendrovės direktoriaus kabinete pasitarimo metu. Ar ne daug labiau netinka snūduriuoti Dievo akivaizdoje? Snaudaliaus pareiškimas, kad jis myli Dievą, keltų nemenkų abejonių. Jeigu jūs nuolat užsnūstumėte pasimatymuose su mylimu žmogumi, ar išdrįstumėte sakyti, kad tikrai mylite jį?

Taip pat, jeigu bažnyčioje pamaldų metu jūs kalbatės su kaimynu apie savo asmeninius reikalus arba svajojate apie kūniškus reikalus, elgiatės netinkamai. Tokia elgsena rodo pagarbos ir meilės Dievui trūkumą.

Šie blogi elgesio įpročiai paveikia ir pamokslininkus. Jeigu klausytojai šnekučiuojasi, tuščiai svajoja arba snaudžia, pamokslininkas gali pamanyti, kad jo skelbiama žinia niekam nerūpi. Jis gali prarasti Šventosios Dvasios įkvėpimą ir nebepajėgti perteikti Dvasios pilnatvės. Visi šie netinkami poelgiai neigiamai veikia ir kitus pamaldų dalyvius.

Taip pat nedera išeiti iš bažnyčios pamaldų viduryje. Žinoma, kai kurie savanoriai patarnautojai, turi išeiti atlikti reikalingas užduotis. Tačiau, išskyrus ypatingus atvejus, nedera vaikščioti, kol pamaldos nepasibaigė. Kai kas galvoja: „Mes atėjome tik pamokslo paklausyti" ir išeina, pamaldoms nesibaigus, bet tai netinkamas elgesys.

Mūsų laikais pamaldos atitinka deginamųjų aukų atnašavimą Senojo Testamento laikais. Kai žmonės atnašaudavo deginamąsias aukas, jie sukapodavo gyvulį į dalis ir paskui visas jas sudegindavo (Kunigų knyga 1, 9).

Mūsų laikais tai reiškia, kad nuo pamaldų pradžios iki pabaigos turime garbinti Dievą tinkamai, laikydamiesi nustatytos tvarkos. Turime visa širdimi dalyvauti visose pamaldų dalyse, pradedant tylia malda ir baigiant palaiminimu arba Viešpaties malda. Kai giedame ar meldžiamės, ir net renkant aukas ar klausant skelbimų, turime atiduoti visą širdį. Ne tik oficialiose bažnytinėse pamaldose, bet ir visuose maldos, garbinimo ir šlovinimo bei bažnyčios ląstelių susirinkimuose turime dalyvauti visa širdimi.

Norėdami garbinti Dievą visa širdimi, visų pirma turime nevėluoti į pamaldas. Nepriimtina vėluoti į sutartus susitikimus su žmonėmis, todėl kas gali būti nepriimtinesnio už vėlavimą į sutartą susitikimą su Dievu? Bažnyčioje Dievas laukia mūsų ir tikisi pagarbos.

Todėl turime ateiti ne prieš pat pamaldų pradžią. Tinkamas elgesys yra ateiti anksčiau ir su atgaila melstis, ruoštis pamaldoms. Tačiau naudotis mobiliaisiais telefonais pamaldose, leisti mažiems vaikams bėgioti ir žaisti reiškia elgtis netinkamai, kaip ir pamaldų metu kramtyti kramtomąją gumą arba valgyti.

Žmogaus išvaizda pamaldose taip pat svarbi. Paprastai netinka ateiti į bažnyčią, apsirengus darbo drabužiais, nes apsirengimu išreiškiame pagarbą kitam asmeniui. Dievo vaikai, kurie tikrai myli Dievą, žino, koks Jis brangus. Todėl jie ateina garbinti Dievą, apsirengę švariausiais drabužiais, kokius turi.

Žinoma, būna išimčių. Daug žmonių tiesiai iš darbo ateina į Didžiojo trečiadienio ir visą naktį trunkančias Didžiojo penktadienio pamaldas. Skubėdami suspėti laiku, jie gali ateiti darbo drabužiais. Šiuo atveju Dievas nemanys, kad jie elgiasi nepagarbiai, bet džiaugsis jų širdžių maloniu kvapu, nes jie stengiasi nevėluoti į pamaldas, net būdami užsiėmę darbe.

Dievas nori meile alsuojančio bendravimo su mumis pamaldose. Dievo vaikai turi atlikti savo pareigas. Malda yra pokalbis su Dievu. Kartais, kai žmogus meldžiasi, kas nors patapšnoja jam per petį, kad nutrauktų maldą, turėdamas svarbų reikalą.

Tai tas pats, kas nutraukti žmones, kai jie kalbasi su savo vyresniaisiais. Tai pat jūs elgiatės netinkamai, kai meldžiatės, bet atsimerkiate ir iš karto nutraukiate maldą, jeigu kas nors jus pašaukia. Šiuo atveju pirma turite baigti maldą ir tik paskui atsiliepti.

Jeigu garbiname Dievą ir meldžiamės dvasia ir tiesa, Dievas apipila mus palaiminimais ir apdovanoja. Jis greičiau atsako į mūsų maldas, nes su džiaugsmu jaučia mūsų širdies malonų kvapą. Bet netinkamas elgesys, trunkantis metus, dvejus ar daugiau, pastato nuodėmės sieną tarp mūsų ir Dievo. Net tarp vyro ir žmonos arba tėvų ir vaikų atsiranda daug problemų, jeigu jų santykiuose ilgą laiką trūksta meilės. Tas pats ir su Dievu. Jeigu pastatome sieną tarp savęs ir Dievo, liekame be apsaugos nuo ligų ir nelaimingų atsitikimų bei susiduriame su įvairiais sunkumais. Mes negauname atsakymų į maldas, net jeigu meldžiamės ilgą laiką. Tačiau tinkamai elgdamiesi Dievo garbinimo ir maldos metu galime išspręsti daugybę problemų.

Bažnyčia yra šventi Dievo namai

Bažnyčia yra vieta, kurioje Dievas gyvena. Psalmyne 11, 4 parašyta: *„VIEŠPATIES šventumo būstas – jo šventykla."*
Senojo Testamento laikais ne bet kas galėjo įeiti į šventovę, tik kunigai. Tik vieną kartą per metus ir tik vyriausiasis kunigas galėdavo įeiti į šventų švenčiausiąją vietą šventovėje. Tačiau šiandien per mūsų Viešpaties malonę bet kas gali įžengti į šventovę ir garbinti Jį, nes Jėzus atpirko mus iš nuodėmių savo krauju, kaip pasakyta Laiške hebrajams 10, 19: *„Taigi, broliai, dėl Jėzaus kraujo įgavę pasitikėjimo įžengti į šventovę."*

Šventovė yra ne tik ta vieta, kurioje vyksta pamaldos, bet ir visos patalpos bei sklypas, priklausantys bažnyčiai, įskaitant kiemą ir visus pagalbinius statinius. Todėl būdami bažnyčioje turime pasverti kiekvieną žodį ir veiksmą. Šventovėje turime nepykti ir nesiginčyti, nekalbėti apie pasaulio pramogas ir reikalus. Taip pat turime rūpestingai saugoti šventus daiktus Dievo bažnyčioje, negadinti ir nelaužyti jų.

Ypač nepriimtina ką nors pirkti ar parduoti bažnyčioje. Šiandien, išsivysčius internetinei prekybai, kai kurie žmonės perka internetu ir gauna savo pirkinius bažnyčioje. Tai tikrai komerciniai sandoriai. Turime prisiminti, kad Jėzus apvertė pinigų keitėjų stalus ir išvarė tuos, kas pardavinėjo aukojimui skirtus gyvulius. Jėzus neleido pardavinėti šventykloje net gyvulių, skirtų aukojimui. Todėl turime nieko nepirkti ir neparduoti bažnyčioje asmeniniais reikalais. Taip pat negalima surengti mugės bažnyčios kieme.

Visos bažnyčios vietos turi būti atskirtos Dievo garbinimui ir bendravimui su broliais ir seserimis Viešpatyje. Kai dažnai susirenkame melstis bažnyčioje, turime būti atsargūs, kad neapsiprastumėme su bažnyčios šventumu. Jeigu mylime bažnyčią, mes netinkamai nesielgsime joje, kaip parašyta Psalmyne 84, 11: *„Juk viena diena tavo kiemuose vertesnė už tūkstantį bet kur kitur. Verčiau gulėčiau prie Dievo Namų slenksčio, negu gyvenčiau nedorėlių palapinėse."*

Netinkamas elgesys prieš žmones

Pasak Biblijos, kas nemyli savo brolio, negali mylėti Dievo. Jeigu netinkamai elgiamės su žmonėmis, kuriuos matome, kaip mes galime gerbti Dievą, kurio nematome?

„Jei kas sakytų: ‚Aš myliu Dievą', o savo brolio nekęstų, tasai melagis. Kas nemyli savo brolio, kurį mato, negali mylėti Dievo, kurio nemato" (Jono pirmas laiškas 4, 20).

Pasvarstykime apie dažniausiai pasitaikantį netinkamą elgesį mūsų kasdieniame gyvenime, kurio dažnai net nepastebime. Jeigu ieškome savo naudos, nepagalvodami apie kitus, labai dažnai netinkamai pasielgiame. Pavyzdžiui, kalbėdami telefonu taip pat turime laikytis etiketo. Jeigu kam nors paskambiname labai vėlai ar naktį arba telefonu ilgai kalbame su labai užimtu žmogumi, darome jam žalą. Vėlavimas į susitikimus, netikėtas apsilankymas kieno nors namuose arba atvykimas nepranešus taip pat yra nemandagus elgesys.

Žmogus gali galvoti: „Mes tokie artimi, kam sukti galvą dėl smulkmenų ir visokiausių ceremonijų?" Jūs galite turėti tikrai gerus santykius ir gerai pažinoti savo bičiulį, bet vis tiek labai sunku suprasti kito širdį šimtu procentų. Mums gali atrodyti, kad rodome draugiškumą kitam, bet jis gali kitaip tai suprasti. Todėl visada turime pagalvoti, kaip jis jausis. Turime ypač saugotis, kad nepasielgtume nemandagiai su žmogumi, kuris mums labai artimas ir gerai jaučiasi su mumis.

Mes dažnai ištariame neapgalvotus žodžius arba atsainiai pasielgiame, užgaudami mums artimiausių žmonių jausmus. Kai šiurkščiai elgiamės su šeimos nariais ir labai artimais draugais, mūsų santykiuose atsiranda įtampa, ir jie gali labai pašlyti. Kartais pagyvenę žmonės netinkamai elgiasi su jaunesniais ar žemesnę padėtį užimančiais žmonėmis. Jie kalba nepagarbiai arba įsakmiu tonu, sukeldami kitiems nemalonius jausmus.

Šiandien sunku rasti žmonių, visa širdimi tarnaujančių savo tėvams, mokytojams ir pagyvenusiems žmonėms, kuriems privalome tarnauti. Kas nors gali sakyti, kad laikai pasikeitė, bet kai kas niekada nesikeičia. Kunigų knygoje 19, 32 parašyta: *„Atsistosi prieš žilagalvį, pagerbsi seną žmogų ir bijosi savo Dievo; aš esu VIEŠPATS."*

Dievo valia reikalauja, kad atliktumėme visas savo pareigas žmonėms. Dievo vaikai turi laikytis šio pasaulio įstatymų ir tvarkos, kad nesielgtų netinkamai. Pavyzdžiui, jeigu triukšmaujame viešoje vietoje, nusispjauname gatvėje arba pažeidžiame kelių eismo taisykles, mes netinkamai elgiamės prieš žmones. Mes esame krikščionys, kurie turi būti pasaulio šviesa ir druska, todėl turime gerai pasverti savo žodžius, veiksmus ir poelgius.

Meilės įstatymas yra etalonas

Dauguma žmonių daugiausiai laiko praleidžia su kitais: susitinka, kalbasi, valgo ir dirba su jais. Kasdieniniam bendravimui žmonės susikūrė įvairiausių kultūringo elgesio taisyklų. Tačiau žmonių išsilavinimo lygiai labai skiriasi, kaip ir skirtingų rasių ir šalių kultūros. Tad koks turi būti mūsų elgesio etalonas?

Tai meilės įstatymas mūsų širdyse. Meilės įstatymas yra Dievo, kuris yra meilė, įstatymas. Kitaip tariant, kiek Dievo žodžio įsirašome savo širdyje ir vykdome jį, tiek turime panašumo į Viešpatį ir nesielgiame netinkamai. Kitas meilės įstatymo apibrėžimas yra dėmesys kitiems.

Vienas žmogus ėjo gatve tamsią naktį su degančiu žibintu rankoje. Kitas žmogus, ėjęs priešinga kryptimi, priartėjęs pamatė, kad žibintą nešasi aklasis, ir paklausė, kam pastarasis nešasi žiburį, jeigu nieko nemato. Aklasis atsakė: „Kad jūs neatsitrenktumėte į mane. Šis žibintas skirtas jums." Ši istorija daug pasako apie dėmesingumą.

Dėmesys kitiems, nors ir atrodo smulkmena, turi didžiulę galią paveikti žmonių širdis. Netinkami poelgiai kyla iš nedėmesingumo kitiems, bylojančio apie meilės stygių. Jeigu tikrai mylime kitus, mes visada būsime dėmesingi jiems ir nesielgsime netinkamai.

Jeigu sodininkas išskina per daug nesubrendusių vaisių, likusieji gauna per daug maistingų medžiagų ir perauga, jų žievė labai sustorėja, ir skonis suprastėja. Jeigu mes nepaisome kitų, kurį laiką galime džiaugtis, visko apsčiai gaudami, bet greitai tampame nemalonūs ir storžieviai kaip peraugę vaisiai.

Todėl, kaip parašyta Laiške kolosiečiams 3, 23: *„Ką tik darytumėte, darykite iš širdies, kaip Viešpačiui, o ne žmonėms,"* turime tarnauti visiems su didžiausia pagarba kaip Viešpačiui.

7. Meilė neieško sau naudos

Šiuolaikiniame pasaulyje nereikia ilgai ieškoti savanaudiškumo. Žmonės ieško sau naudos, bet ne visuomenei. Kai kuriose šalyse jie deda kenksmingų cheminių medžiagų į sausus maisto mišinius kūdikiams. Atsiranda darančių didžiulę žalą savo šaliai, pavagiančių labai svarbias technologijas.

Dėl „tik ne mano kieme" problemos, vyriausybei sunku įkurti viešųjų paslaugų įstaigas, pavyzdžiui, sąvartynus ir krematoriumus. Žmonėms nerūpi kitų gerovė, jie rūpinasi tik savimi. Daug ne tokių kraštutinių kaip minėti savanaudiškų poelgių pasitaiko mūsų kasdieniniame gyvenime.

Pavyzdžiui, keli kolegos ar draugai valgo kartu. Jie turi pasirinkti, ką valgys, ir vienas iš jų reikalauja to, kas jam patinka. Kitas sutinka valgyti tai, ko nori pirmasis, bet viduje būna nepatenkintas. Trečias visada pirma paklausia, ko norėtų kiti. Paskui, nepaisydamas, ar jam patinka kitų pasirinkimas, visada valgo su džiaugsmu. Kuriai kategorijai priklausote jūs?

Žmonių grupė susitinka ruošti renginio. Jie turi įvairių nuomonių. Vienas primygtinai įtikinėja kitus sutikti su juo. Kitas nesilaiko įsikibęs savo nuomonės, bet kai jam nepatinka kito nuomonė jis parodo nepritarimą, bet nusileidžia.

Dar kitas žmogus atidžiai išklauso kitų nuomones. Net jeigu jų pasiūlymas ne toks negu jo, jis stengiasi jį priimti. Šie skirtumai priklauso nuo meilės dydžio kiekvieno iš jų širdyje.

Nuomonių konfliktai, peraugantys į nesutarimus ir ginčus, kyla todėl, kad žmonės ieško sau naudos, pripažindami tik savo nuomonę. Jei sutuoktiniai atkakliai laikosi tik savo asmeninės nuomonės, jie nuolat turės konfliktų ir negalės suprasti vienas kito. Jie susitaikys tik nusileisdami vienas kitam ir suprasdami vienas kitą, bet taika bus trumpalaikė, jeigu kiekvienas pripažins tik savo nuomonę.

Jeigu mylime ką nors, mes rūpinamės mylimuoju labiau negu savimi. Paimkime tėvų meilę. Dauguma tėvų pirmiausia galvoja apie vaikus, tik paskui apie save. Motinoms maloniau išgirsti: „Tavo duktė labai graži" negu „Tu graži moteris." Užuot patys valgę skanų maistą, jie jaučiasi laimingesni, kai jų vaikai gerai maitinasi. Užuot patys nešioję brangius rūbus, jie mieliau gerai rengia savo vaikus. Taip pat jie nori, kad jų vaikai būtų protingesni už juos, kitų pripažinti ir mylim. Jeigu turėsime tokią meilę kaimynams ir visiems kitiems, kaip Dievas Tėvas džiaugsis mumis!

Abraomas su meile ieškojo naudos kitiems

Kitų interesų iškėlimas virš savųjų kyla iš pasiaukojančios meilės. Abraomo elgsena yra geras pavyzdys, rodantis kaip pirma ieškoti kitų naudos, bet ne savo.

Kai Abraomas išvyko iš savo gimtinės, jo sūnėnas Lotas iškeliavo su juo. Taip pat Lotas buvo gausiai palaimintas per Abraomą ir turėjo tiek gyvulių, kad nebeužteko vandens pagirdyti Abraomo ir Loto kaimenėms. Kartais abiejų šeimininkų piemenys net kivirčydavosi.

Abraomas nenorėjo, kad prasidėtų nesantaika ir davė Lotui

teisę pirmam pasirinkti norimą krašto pusę, o pats pasuko į kitą. Labiausiai gyvuliams reikia žolės ir vandens. Ten, kur jie buvo, visoms kaimenėms nebeužteko žolės ir vandens, ir atiduoti geresnes žemes reiškė atsisakyti to, kas būtina išlikimui. Abraomas rodė tokį didelį dėmesingumą Lotui todėl, kad labai jį mylėjo. Tačiau Lotas gerai nesuprato Abraomo meilės, jis tiesiog pasirinko geresnį kraštą, Jordano slėnį, ir išvyko. Ar Abraomas pasijuto nemaloniai, matydamas, kad Lotas nedvejodamas pasirinko, kas jam geriausia? Tikrai ne! Jis buvo laimingas, kad jo sūnėnas pasiėmė geras žemes.

Dievas matė Abraomo širdies gerumą ir net dar labiau laimino jį, kur tik jis ėjo. Abraomas tapo toks turtingas, kad net karaliai gerbė jį tuose kraštuose. Jo istorija rodo, kad mes tikrai būsime Dievo palaiminti, jeigu visų pirma ieškosime naudos kitiems, bet ne sau.

Jei atiduodame ką nors savo mylimiems žmonėms, džiaugsmas bus didesnis už viską. Tai supranta tik tie, kas atidavė ką nors labai brangaus savo mylimiesiems. Jėzus patyrė tokį džiaugsmą. Tai didžiausia laimė, kurią galime patirti, tik išsiugdę tobulą meilę. Sunku apdovanoti tuos, kurių nekenčiame, bet visai nesunku tuos, kuriuos mylime. Mes būsime laimingi, apdovanodami juos.

Didžiausia laimė

Tobuloji meilė suteikia mums didžiausią laimę. Norėdami turėti tobulą meilę kaip Jėzus, turime pirmiausia galvoti apie kitus ir tik paskui apie save. Turime teikti pirmenybę ne sau, bet savo artimui, Dievui, Viešpačiui ir bažnyčiai, ir jeigu taip elgiamės, Dievas pasirūpina mumis. Jis duoda mums kai ką geresnio, kai mes ieškome naudos kitiems žmonėms. Danguje mūsų laukia dangiški apdovanojimai. Todėl Dievas sako: „*Palaimingiau duoti negu imti*" (Apaštalų darbai 20, 35).

Tačiau turime aiškiai suprasti vieną dalyką. Negalima kenkti savo sveikatai, nepaisant savo fizinių jėgų ribų, kai stengiamės ištikimai dirbti Dievo karalystei. Dievas priims mūsų širdį, jei stengsimės būti ištikimi, viršydami savo ribas, bet mūsų fiziniam kūnui reikia poilsio. Taip pat turime rūpintis savo sielos gerove melsdamiesi, pasninkaudami ir studijuodami Dievo žodį, ne tik dirbdami bažnyčioje.

Kai kurie žmonės nuskriaudžia savo šeimos narius ir kitus žmones, skirdami per daug laiko religinei ir bažnytinei veiklai. Pavyzdžiui, negali gerai atlikti pareigų darbe, nes pasninkauja. Kartais mokiniai aplaidžiai mokosi pasaulietinėje mokykloje, pasinėrę į sekmadieninę mokyklą.

Minėtais atvejais žmonės dažnai galvoja, kad neieško sau naudos, nes daug dirba, bet tai netiesa. Nepaisant darbo Viešpačiui, jie nėra ištikimi visuose Dievo darbuose, nes neatlieka visų Dievo vaikų pareigų. Iš tiesų jie visų pirma ieško sau naudos.

Ką daryti, kad visur neieškotume sau naudos? Turime pasikliauti Šventąja Dvasia. Šventoji Dvasia, kuri yra Dievo širdis, veda mus į tiesą. Mes gyvename Dievo garbei tik tada, kai viską darome Šventosios Dvasios vedami, kaip apaštalas Paulius sako: „*Ar valgote, ar geriate, ar šiaip ką darote, visa darykite Dievo garbei*" (Pirmas laiškas korintiečiams 10, 31).

Norėdami taip daryti turime išrauti piktybes iš savo širdies. Be to, jeigu išsiugdysime tikrą meilę savo širdyje, įgysime gerumo išminties ir išmoksime suprasti Dievo valią visose aplinkybėse. Jeigu mūsų sielai seksis, viskas mums seksis ir būsime sveiki, kad galėtume būti ištikimi Dievui visuose dalykuose. Taip pat būsime mylimi savo kaimynų ir šeimos narių.

Kai jaunavedžiai ateina pas mane prašyti palaiminimo, visada meldžiuosi, kad jie visų pirma ieškotų kitam naudos, nes pradėjus ieškoti sau naudos, taikos ir ramybės šeimoje nebus.

Lengva ieškoti naudos mylimiems žmonėms arba tiems, kas gali būti mums naudingi, bet kaip su tais, kurie mums visai nepatinka ir visada ieško sau naudos? O kaip su tais, kurie mums daro bloga ir kenkia arba niekaip negali būti naudingi? Kaip mes elgiamės su tais, kas elgiasi neteisingai ir visą laiką piktai kalba?

Jeigu vengiame piktų žmonių ir nenorime aukotis dėl jų, mes ieškome sau naudos. Mes turime pasiaukoti ir nusileisti net tiems, kurių įsitikinimai kitokie negu mūsų. Tik tuomet būsime žmonės, trykštantys dvasine meile.

8. Meilė nepasiduoda piktumui

Meilė daro žmogaus širdį gerą. Kita vertus, piktumas daro širdį blogą. Pyktis sužeidžia ir aptemdo širdį. Jeigu jūs pasiduodate pykčiui, negalite gyventi Dievo meilėje. Pavojingiausi spąstai, kuriuos priešas velnias ir šėtonas paspendžia Dievo vaikams, yra neapykanta ir pyktis.

Pasiduoti piktumui reiškia ne tik supykti, rėkti, keiktis ir smurtauti. Jeigu jūsų veidas persikreipia, keičiasi jo spalva, ir imate atžariai kalbėti, tai taip pat pasidavimo piktumui požymiai. Nors piktumo laipsnis kiekvienu atveju būna skirtingas, tai vis tiek širdyje esančios neapykantos ir priešiškumo išorinė išraiška. Tačiau vien matydami, kaip žmogus atrodo, neturime teisti ir smerkti jo bei galvoti, kad jis piktas. Teisingai suprasti kito žmogaus širdį niekam nelengva.

Vieną kartą Jėzus išvaikė prekiautojus iš šventyklos. Pirkliai pasistatė stalus ir keitė pinigus bei pardavinėjo gyvulius žmonėms, atėjusiems į Jeruzalės šventyklą švęsti žydų Velykų. Jėzus labai geras, Jis nesiginčija ir nešūkauja, ir niekas negirdėjo Jo balso gatvėse. Bet pamatęs prekiautojų vaizdą Jis pasielgė visai kitaip negu paprastai.

Jis susuko iš virvučių rimbą ir išvarė avis bei jaučius. Jis apvertė pinigų keitėjų ir balandžių pardavėjų stalus. Aplinkiniai žmonės, matydami Jėzaus veiksmus, turbūt galvojo, kad Jis supyko. Bet tuo metu Jis pyko ne dėl savo priešiškumo ar neapykantos. Jis buvo teisėtai pasipiktinęs. Savo pasipiktinimu Jis parodė, kad negalima taikstytis su Dievo šventyklos sutepimu. Šis teisėtas pasipiktinimas buvo Dievo meilės įkvėptas, nes Jo teisingumas apvainikuoja meilę.

Skirtumas tarp teisėto pasipiktinimo ir piktumo

Evangelijos pagal Morkų trečiasis skyrius pasakoja, kaip šabo dieną Jėzus sinagogoje išgydė žmogų su padžiūvusia ranka. Žmonės stebėjo, ar Jis gydys jį šabo dieną, kad galėtų apkaltinti Jį šabo nepaisymu. Tuomet Jėzus, gerai žinodamas, kas slypi žmonių širdyse, paklausė: „*Ar šabo dieną leistina gera daryti, ar bloga? Gelbėti gyvybę ar žudyti?*" (Evangelija pagal Morkų 3, 4). Žmonių kėslai buvo atskleisti, ir jie neturėjo ką pasakyti. Jėzus piktinosi jų širdies kietumu.

Tada, rūsčiai juos apžvelgęs ir nuliūdęs dėl jų širdies kietumo, tarė tam žmogui: „*Ištiesk ranką!*" *Šis ištiesė, ir ranka atgijo* (Evangelija pagal Morkų 3, 5).

Tuo metu pikti žmonės stengėsi pasmerkti ir nužudyti Jėzų, dariusį tik gerus darbus. Todėl kartais Jėzus prabildavo į juos griežtais žodžiais, kad jie susiprastų ir paliktų kelią į pražūtį. Jėzaus teisėtas pasipiktinimas kilo iš meilės. Kartais šis pasipiktinimas pažadindavo žmones ir atvesdavo į gyvenimą. Pasidavimas piktumui ir teisėtas pasipiktinimas yra visiškai skirtingi. Tik pašventinto ir neturinčio jokios nuodėmės žmogaus pabarimas suteikia sieloms gyvybę. Tačiau neturintis šventos širdies žmogus negali atnešti šio vaisiaus.

Žmonės supyksta dėl kelių priežasčių. Pirma priežastis yra

skirtingi įsitikinimai ir vienas kito lūkesčiai. Visi yra skirtingos šeimos kilmės ir turi nevienodą išsilavinimą, todėl skiriasi jų širdys ir mintys bei vertinimo standartai. Žmonės stengiasi palenkti kitus prie savo supratimo, ir šiame procese patiria nuoskaudų. Tarkime, vyras mėgsta sūrų maistą, o jo žmona nemėgsta. Ji sako: „Per daug druskos kenkia sveikatai, tu turi vartoti mažiau druskos." Ji duoda patarimą, rūpindamasi vyro sveikata. Tačiau, jeigu vyras neklauso, ji neturi jo spausti. Jiems reikia ieškoti, kaip nusileisti vienas kitam. Stengdamiesi kartu jie padarys šeimą laimingą.

Antra pykčio priežastis yra kitų nepaklusnumas. Vyresnio amžiaus arba užimantis aukštesnę socialinę padėtį žmogus nori, kad kiti jo klausytų. Žinoma, reikia gerbti vyresniuosius ir klausyti savo vadovų, bet pastarieji neturi teisės naudoti prievartos jaunesniųjų ar pavaldinių atžvilgiu.

Kartais aukštą padėtį užimantys žmonės negirdi savo pavaldinių ir reikalauja tik besąlygiško paklusnumo. Dar žmonės supyksta, kai patiria nuostolių arba neteisingą elgesį arba būna nekenčiami be pagrindo, jų duotos užduotys atliekamos ne pagal nurodymus. Žmonės pyksta, kai kas nors juos keikia arba įžeidinėja.

Prieš supykdami šie žmonės jau turėjo nuoskaudų širdyje. Kitų žodžiai ir veiksmai sužadina senas nuoskaudas, ir negeri jausmai išsiveržia piktumo pavidalu. Paprastai nuoskaudų tyrėjimas yra pirmas žingsnis į piktumą. Kol pykstame, negalime gyventi Dievo meilėje, ir mūsų dvasinis augimas labai sulėtėja.

Negalime augti tiesoje, kol turime nuoskaudų, todėl mums būtina atsikratyti pasidavimo piktumui ir galiausiai atmesti bet kokį pyktį. Pirmame laiške korintiečiams 3, 16 parašyta: *"Argi nežinote, kad jūs esate Dievo šventykla ir jumyse gyvena Dievo Dvasia?"* Supraskime, kad Šventoji Dvasia laiko mūsų širdį šventykla, ir Dievas visada mato mus. Todėl nepasiduokime pykčiui tik todėl, kad kas nors nepritaria mūsų įsitikinimams.

Žmogaus rūstybė nedaro Dievo teisumo

Eliziejus gavo dvigubai savo mokytojo Elijo dvasios ir padarė daugiau antgamtiškų darbų Dievo galia. Jo malda pagydė nevaisingą moterį, jis prikėlė mirusįjį, išgydė raupsuotuosius, nugalėjo priešų kariuomenę ir pavertė negeriamą vandenį į tyrą žiupsneliu druskos. Tačiau Eliziejus mirė nuo ligos, o tai buvo retenybė tarp didžiųjų Dievo pranašų.

Kas buvo jo ligos priežastis? tai atsitiko, kai Eliziejus ėjo į Betelį. Keletas paauglių išbėgo iš miesto ir ėmė iš jo tyčiotis, nes jis turėjo nedaug plaukų ir neatrodė labai patrauklus: *"Plikagalvi, nešdinkis! Plikagalvi, nešdinkis!"* (Karalių antra knyga 2, 23).

Ne tik keli, bet dar daug paauglių tyčiodamiesi sekė Eliziejų. Jis nesmagiai jautėsi ir subarė juos, bet tie neklausė. Jie užsispyrę toliau erzino pranašą, kol šis nebegalėjo pakelti.

Betelis buvo stabmeldystės lopšys šiaurinėje Izraelio dalyje po karalystės skilimo. To krašto jaunuoliai tikriausiai sukietino savo širdį, augdami stabmeldžių aplinkoje. Jie galėjo užtverti kelią, spjaudyti į Eliziejų ar net apmėtyti akmenimis. Galiausiai Eliziejus prakeikė juos. Dvi meškos atėjo iš miško ir sudraskė keturiasdešimt du paauglius.

Žinoma, jie patys prisiprašė bėdos, be saiko tyčiodamiesi iš Dievo vyro, bet tai įrodo, kad Eliziejus turėjo nuoskaudų. Tai gali būti susiję su pranašo mirtimi nuo ligos. Akivaizdu, kad Dievo vaikams negalima pasiduoti piktumui. „*Žmogaus rūstybė nedaro Dievo teisumo*" (Jokūbo laiškas 1, 20).

Nepasidavimas piktumui

Ką daryti, kad nesupyktume? Ar turime užgniaužti pyktį ir susitvardyti? Kai stipriai suspaudžiame spyruoklę, jos tamprumo jėga padidėja, ir ji net pašoka atleidus spaudimą. Tas pats ir su pykčiu. Jeigu užgniaužiame jį, mums gali pavykti išvengti konflikto tą akimirką, bet anksčiau ar vėliau pyktis išsiverš. Todėl, kad nepasiduotume piktumui, turime atsikratyti paties pykčio jausmo. Turime ne užgniaužti jį, bet pakeisti gerumu ir meile, kad nebereikėtų nieko gniaužti.

Žinoma, neįmanoma atmesti visų nuoskaudų ir pakeisti jas gerumu bei meile per naktį. Turime nuolat, diena iš dienos dėti pastangas. Iš pradžių provokuojančioje situacijoje turime viską patikėti Dievui ir būti kantrūs. Sakoma, kad Tomo Džefersono, trečiojo Jungtinių Valstijų prezidento, dienoraštyje buvo parašyta: „Kai supyksti, suskaičiuok iki dešimties, o kai labai supyksti – iki šimto." Korėjiečių patarlė sako: „Trys kartus turėjęs kantrybės išvengsi žmogžudystės."

Kai supykstame, turime pasitraukti ir pagalvoti, kokia mums bus nauda, jei pasiduosime piktumui. Paskui turime nedaryti nieko, dėl ko tektų gailėtis ar gėdintis. Kai stengiamės būti kantrūs, melsdamiesi ir Šventosios Dvasios padedami, greitai atmetame blogus jausmus ir pyktį. Jeigu anksčiau supykdavome dešimt kartų per dieną, laikui bėgant, šis skaičius sumažėja iki devynių, paskui aštuonių ir taip toliau. Paskui ateis laikas, kai provokuojančioje situacijoje jausime tik ramybę. Kokie laimingi tuomet būsime!

Patarlių knyga 12, 16 sako: *„Kvailas žmogus tuojau parodo pyktį, o gudrus nutyli užgaulę,"* o Patarlių knygoje 19, 11 parašyta: *„Sumanus žmogus negreitas pykti, o atleisti įžeidimą – jam garbė."*

Pyktis yra labai netoli pavojaus. Turime suvokti, kaip pavojinga pasiduoti piktumui. Nugalėtojas bus tas, kas ištvers iki galo. Kai kurie žmonės, būdami bažnyčioje, puikiai susivaldo situacijose, keliančiose jiems pyktį, bet greitai pasiduoda piktumui, namuose, mokykloje ar darbe. Dievas yra ne tik bažnyčioje.

Jis žino kiekvieną mūsų judesį, girdi kiekvieną ištartą žodį ir mato mūsų mintis. Jis visada stebi mus, ir Šventoji Dvasia gyvena mūsų širdyje. Todėl turime gyventi taip, kaip gyventume visą laiką regėdami Dievą.

Viena sutuoktinių pora susikivirčijo, ir vyras įtūžęs išrėkė žmonai, kad ji užsičiauptų. Ji buvo taip sukrėsta, kad nebeištarė nė žodžio iki pat savo mirties. Vyras, išliejęs įtūžį ant žmonos, taip pat nebekalbėjo iš gėdos, kad suteikė savo artimiausiam žmogui tiek skausmo. Pasidavimas piktumui sukelia daug skausmo daugybei žmonių, todėl turime stengtis išsivaduoti iš visų nuoskaudų.

9. Meilė pamiršta, kas buvo bloga

Savo tarnystėje susidūriau su įvairiausias žmonėmis. Vieni žmonės labai jautrūs Dievo meilei ir tik pagalvoję apie Jį apsiašaroja, kiti turi sunkumų širdyje, nes beveik nejaučia Dievo meilės, nors tiki ir myli Dievą. Dievo meilės pajautimas priklauso nuo nuodėmių ir pikto atmetimo. Kiek gyvename pagal Dievo žodį ir atsikratome pikto savo širdyje, tiek giliai širdyje jaučiame Dievo meilę ir greičiau augame tikėjime. Kartais susiduriame su sunkumais tikėjimo kelyje, bet tomis akimirkomis prisimename visada mūsų laukiančio Dievo meilę. Kai prisimename Jo meilę, pamirštame, kas buvo bloga.

Nepamirštas blogis

Savo knygoje „*Paslėptų priklausomybių išgydymas*" *(Healing Life's Hidden Addictions)*, Dr. Archibald D. Hart, buvęs psichologijos katedros dekanas Fullerio teologijos seminarijoje, rašo, kad kas ketvirtas jaunas amerikietis serga sunkia depresija, ir todėl per priklausomybę nuo narkotikų, sekso, interneto, alkoholio ir rūkymo griauna savo gyvenimą.

Kai narkomanai liaujasi vartoję chemines medžiagas, veikiančias jų protą, jausmus ir elgesį, paprastai jie turi mažai įgūdžių susidoroti su sunkumais arba visai neturi, jei apskritai turi. Jie dažnai susiranda kitų priklausomybių, kad pabėgtų nuo sunkumų. Priklausomybė gali būti seksas, meilė ir tarpusavio santykiai. Jie niekur neranda tikro pasitenkinimo, nepatiria ryšio su

Dievu malonės ir džiaugsmo, nes sunkiai serga, anot Dr. Harto. Priklausomybė yra bandymas rasti pasitenkinimą kitur negu Dievo malonėje ir dovanojamame džiaugsme, tai Dievo nepaisymas. Priklausomas žmogus iš esmės visą laiką prisimena, kas buvo bloga.

Kas yra nepamirštas blogis? Tai visos piktybės, prieštaraujančios Dievo valiai. Galvojimas apie tai, kas bloga, turi tris aspektus.

Pirmas aspektas – jūs galvojate apie kitus ir norite, kad jiems atsitiktų kas nors blogo.
Pavyzdžiui, jūs su kuo nors susiginčijote. Paskui nekęsdami jo imate galvoti: „Noriu, kad jis kur nors užkliūtų ir pargriūtų." Arba jūs nesugyvenate su kaimynu, ir jam atsitinka kas nors blogo. Tuomet jūs galvojate: „Taip jam ir reikia!" arba: „Taip ir turėjo būti!" Mokinys gali norėti, kad jo klasės draugas neišlaikytų egzamino.

Jeigu turite savyje tikrą meilę, jūs niekada negalvojate apie tokius piktus dalykus. Ar jūs norėtumėte, kad jūsų mylimieji susirgtų arba patektų į avariją? Jūs visada norite, kad jūsų mylima žmona arba vyras nesirgtų ir išvengtų nelaimingų atsitikimų. Kai mūsų širdyje trūksta meilės, norime, kad kitiems nesisektų, ir džiaugiamės kitų nelaimėmis.

Taip pat norime žinoti kitų nusižengimus ir silpnas vietas bei pasakoti visiems apie tai, jei neturime meilės. Tarkime, jūs atėjote į susitikimą, kuriame kas nors blogai kalba apie kitą žmogų. Jeigu jums įdomu tai girdėti, turite pasitikrinti savo širdį. Jeigu kas nors šmeižtų jūsų tėvus, ar jums patiktų klausytis? Jūs lieptumėte šmeižikui tuojau pat liautis.

Žinoma, kartais jūs turite žinoti kitų žmonių gyvenimo

aplinkybes, kad galėtumėte jiems padėti. Tačiau jeigu jums patinka girdėti blogus dalykus apie kitus, jūs turite troškimą apkalbėti ir šmeižti kitus. *„Kas atleidžia nuoskaudą, tas puoselėja draugystę, o kas vis primena ginčą, tas atstumia draugą"* (Patarlių knyga 17, 9).

Geri žmonės, turintys mylinčią širdį, stengiasi pridengti kitų kaltes. Jei turime dvasinę meilę, mes nepavydime kitiems sėkmės. Mes norime, kad kiti būtų apsirūpinę ir mylimi. Viešpats Jėzus liepė mylėti net savo priešus. Laiške romiečiams 12, 14 taip pat parašyta: *„Laiminkite savo persekiotojus, laiminkite ir nekeikite."*

Antras aspektas yra mintys, teisiančios ir smerkiančios kitus.

Pavyzdžiui, jūs pamatote tikintįjį, įeinantį į tokią vietą, kur tikintiesiems nedera lankytis. Kokios mintys jums kyla? Jūs susidarote neigiamą nuomonę apie jį pagal savo piktumą, jeigu galvojate maždaug taip: „Kaip jis drįsta taip elgtis?" arba, jeigu turite daug gerumo, pagalvojate: „Kodėl jis eina į tokią vietą?", bet nutariate, kad jis rimtą priežastį ten eiti.

Jeigu turite dvasinę meilę širdyje, joje nebelieka vietos jokioms piktoms mintims. Net jei kartais apie žmogų išgirstate ką nors negero, jūs nenuteisiate ir nepasmerkiate jo, bet patikrinate faktus. Kaip tėvai elgiasi, kai išgirsta blogus dalykus apie savo vaikus? Jie dažniausiai tvirtina, kad jų vaikai negalėjo taip pasielgti, ir galvoja, kad jų vaikus apkalba blogas žmogus. Jeigu tikrai myli ką nors, visada stengiesi galvoti apie jį kuo geriau.

Šiandien žmonės labai leidžia sau blogai galvoti ir kalbėti apie kitus. Jie smerkia kitus ne tik tarpusavio santykiuose, bet ir nesivaržydami kritikuoja valstybės tarnybos atstovus.

Jie net nesistengia gerai išsiaiškinti, kas iš tikrųjų įvyko, ir skleidžia niekuo nepagrįstus gandus. Kai kurie žmonės net nusižudo dėl agresyvių komentarų internete. Žmonės teisia ir smerkia kitus pagal savo standartus, bet ne pagal Dievo žodį. O kokia yra gerojo Dievo valia?

Jokūbo laiškas 4, 12 įspėja: „*Tačiau tėra vienintelis įstatymo leidėjas ir teisėjas, būtent tas, kuris gali išgelbėti ir pražudyti. O kas gi tu toks, kad teistum artimą?!*"

Tik Dievas gali teisti. Be to, Dievas mums sako, kad negalima teisti savo artimo. Tarkime, kas nors tikrai blogai pasielgė. Turintiesiems dvasinę meilę svarbiausias ne blogas poelgis, jie galvoja apie, kas būtų naudinga tam žmogui ir kaip kam padėti. Jie nori, kad to žmogaus sielai sektųsi, ir jis būtų Dievo mylimas.

Be to, tobula meilė ne tik pridengia nusidėjimus, bet ir padeda kitam atgailauti. Turime išsiugdyti gebėjimą mokyti tiesos ir paliesti žmonių širdis, kad jie pasuktų teisingu keliu ir pasikeistų. Jeigu turime tobulą dvasinę meilę, neturime stengtis su gerumu žiūrėti į kitus. Mes be pastangų mylime net daugybę nuodėmių turintį žmogų, rodome pasitikėjimą ir norime padėti jam. Jeigu mintyse neturime jokio teisimo ir smerkimo, mes džiaugsimės susitikę bet kokį žmogų.

Trečias aspektas yra visos mintys, neatitinkančios Dievo valios.

Ne tik blogo linkėjimas kitiems, bet ir bet kokia prieštaraujanti Dievo valiai mintis yra pikta. Pasaulyje gerais žmonėmis laikomi tie, kas vadovaujasi moralės normomis ir gyvena sąžiningai.

Bet moralumas ir sąžiningumas nėra absoliutūs gerumo standartai, nes juose daug kas prieštarauja Dievo žodžiui. Tik

Dievo žodis yra absoliutus gerumo standartas. Priimantys Viešpatį žmonės pripažįsta, kad yra nusidėjėliai. Žmonės dažnai didžiuojasi savimi todėl, kad gyvena gerą ir moralų gyvenimą, bet jie vis tiek yra pikti ir nuodėmingi pagal Dievo žodį, nes viskas, kas prieštarauja Dievo žodžiui, yra pikta ir nuodėminga, ir Dievo žodis yra vienintelis absoliutus gerumo standartas (Jono pirmas laiškas 3, 4).

Kuo skiriasi nuodėmė nuo pikto? Plačiąja prasme ir nuodėmė, ir piktumas yra netiesa, prieštaraujanti Dievo žodžiui, kuris yra tiesa. Nuodėmė ir piktumas yra tamsa, priešinga Dievui, kuris yra Šviesa.

Tačiau pasigilinus nuodėmė ir piktumas labai skiriasi. Jei palygintume juos su medžiu, piktumas būtų šaknys, slypinčios po žeme ir nematomos, o nuodėmė – šakos, lapai ir vaisiai.

Be šaknų medis negali turėti šakų, lapų ir vaisių. Taip ir nuodėmės padaromos iš piktumo. Pikta prigimtis slypi žmogaus širdyje ir priešinasi gerumui, meilei bei Dievo tiesai. Kai piktumas pasireiškia konkrečiais veiksmais, pastarieji vadinami nuodėme.

Jėzus pasakė: *„Geras žmogus iš gero savo širdies lobyno ima gera, o blogasis iš blogo lobyno ima bloga. Jo burna kalba tai, ko pertekusi širdis"* (Evangelija pagal Luką 6, 45).

Tarkime, žmogus žodžiais užgauna kitą, kurio nekenčia. Taip piktybė jo širdyje pasireiškia neapykanta ir piktais žodžiais, kurie yra nuodėmės. Nuodėmės yra nustatomos ir įvardinamos pagal standartą – Dievo žodį, kuris yra įstatymas.

Be įstatymo niekas negalėtų nieko nubausti, nes nebūtų standarto, kuriuo turime vadovautis. Panašiai ir nuodėmę išduoda prieštaravimas Dievo žodžiui. Nuodėmes galima suskirstyti į dvi kategorijas: kūno reikalus ir kūno darbus. Kūno reikalai yra nusidėjimai širdimi ir mintimis – neapykanta, pavydas, įtarumas, svetimaujančios mintys ir taip toliau, o kūno darbai yra nuodėmingi veiksmai – kivirčai, įtūžio priepuoliai ar žmogžudystės. Nuodėmės arba nusikaltimai šiame pasaulyje skirstomi į kelias skirtingas kategorijas. Pavyzdžiui, į nusikaltimus prieš valstybę, visuomenę ir asmenį.

Tačiau pikto buvimas žmogaus širdyje nebūtinai reiškia, kad jis darys nuodėmes. Klausydamas Dievo žodžio ir turėdamas savitvardos jis gali išvengti nuodėmingų poelgių, net ir turėdamas šiek tiek pikto širdyje. Tokioje būsenoje jis gali būti patenkintas, manydamas, kad jau pasiekė šventumą, nes nebedaro akivaizdžių nuodėmių.

Tačiau norėdami būti tobulai pašventinti, turime atsikratyti pikto savo prigimtyje, slypinčio širdies gelmėse. Žmogaus prigimtyje slypi piktybės, paveldėtos iš tėvų. Paprastai jų nesimato kasdieniniame gyvenime, bet jos iškyla į paviršių ekstremaliose aplinkybėse.

Korėjiečių patarlė sako: „Bet kas perlips kaimyno tvorą po trijų bado dienų." Kitaip tariant, būtinybė nepripažįsta įstatymo. Jeigu nesame tobulai pašventinti, mumyse slypintis piktumas atsiskleidžia ekstremaliose aplinkybėse.

Nors ir labai mažos, musių išmatos vis tiek yra išmatos. Labai panašiai, nors ne viskas yra nuodėmė, bet viskas, kas netobula tobulo Dievo akyse, galų gale yra pikto išraiška. Todėl Pirmas laiškas tesalonikiečiams 5, 22 sako: „*Susilaikykite nuo visokio blogio!*"

Dievas yra meilė. Iš esmės visi Dievo įsakymai telpa į meilę. Kitaip tariant, nemylėti yra pikta ir nusikalstama. Norėdami pasitikrinti, ar nepamiršame, kas buvo bloga, pagalvokime kiek meilės turime širdyje. Kiek mylime Dievą ir žmones, tiek pamirštame, kas buvo bloga.

O štai jo įsakymas: kad tikėtume jo Sūnaus Jėzaus Kristaus vardą ir mylėtume vieni kitus, kaip jo įsakyta (Jono pirmas laiškas 3, 23).

Meilė nedaro nieko pikta artimui. Taigi meilė – įstatymo įvykdymas (Romiečiams 13, 10).

Pamiršti, kas buvo bloga

Norėdami pamiršti, kas buvo bloga, visų pirma turime net nežiūrėti ir negirdėti pikto. Net jeigu pasitaiko pamatyti ar išgirsti, turime stengtis neprisiminti ir negalvoti apie tai, kas pikta. Žinoma, ne visada pavyksta suvaldyti savo mintis. Kokia nors bloga mintis gali net sustiprėti, kai stengiamės apie tai negalvoti, bet kai atkakliai stengiamės neturėti piktų minčių ir meldžiamės, Šventoji Dvasia mums padeda. Turime niekada tyčia nežiūrėti, neklausyti ir negalvoti pikto, taip pat atmesti net trumpai šmėsteliančias piktas mintis.

Turime nedalyvauti jokiuose piktuose darbuose. Jono antrame laiške 1, 10-11 parašyta: „*Jei kas ateina pas jus ir neatsineša šitokio mokslo, nepriimkite jo į namus ir nesveikinkite, nes, kas jį sveikina, tas dalyvauja jo piktuose darbuose.*" Dievas pataria mums vengti ir nepriimti pikto.

Žmonės paveldi nuodėmingą prigimtį iš savo tėvų. Gyvendami šiame pasaulyje žmonės susiduria su daugybe netiesos.

Remdamasis nuodėminga prigimtimi ir netiesomis žmogus susiformuoja savo asmeninį charakterį arba savąjį aš. Krikščioniškas gyvenimas yra nuodėmingos prigimties ir netiesos atmetimo kelias nuo tos akimirkos, kai priimame Viešpatį. Mums reikia daug kantrybės ir pastangų, kad atmestume nuodėmingą prigimtį ir netiesas. Gyvendami šiame pasaulyje mes pažįstame melą geriau negu tiesą. Priimti netiesą lengviau negu atmesti. Pavyzdžiui, lengva sutepti baltą suknelę juodu rašalu, bet labai sunku išvalyti dėmę ir padaryti suknelę vėl visiškai baltą.

Net labai maža piktybė gali greitai tapti didele blogybe. Laiškas galatams 5, 9 sako: *„Truputis raugo įraugina visą maišymą."* Maža piktybė gali labai greitai persiduoti daugybei žmonių. Todėl turime vengti net mažiausio pikto. Norėdami negalvoti pikto, turime nekęsti to, kas pikta: *„VIEŠPATS myli tuos, kurie nekenčia pikto"* (Psalmynas 97, 10). Dievo žodis moko, kad *„Pagarbiai bijoti VIEŠPATIES reiškia nekęsti to, kas pikta"* (Patarlių knyga 8, 13).

Jeigu karštai myli kokį nors žmogų, tau patinka tai, kas jam patinka, ir nepatinka tai, kas jam nepatinka. Tau nereikia kokios nors kitos priežasties. Kai Dievo vaikai, gavę Šventąją Dvasią, daro nuodėmes, Šventoji Dvasia dejuoja juose. Todėl jie jaučia širdies skausmą ir supranta, kad Dievas nekenčia to, ką jie padarė, ir stengiasi daugiau nebenusidėti. Svarbu atmesti net menkiausius pikto pavidalus ir nebepriimti jokio pikto.

Dievo žodžio ir maldos pagalba

Piktybės labai nenaudingos. Patarlių knyga 22, 8 sako: *„Kas* *sėja pikta, tas pjaus nelaimę."* Ligos ir nelaimės gali užpulti mus ar mūsų vaikus. Galime gyventi sielvarte dėl skurdo ir šeimos problemų. Visos šios bėdos ateina iš pikto.

Neapsigaukite! Dievas nesiduoda išjuokiamas. Ką žmogus sėja, tai ir pjaus (Laiškas galatams 6, 7).

Žinoma, vargai gali užgriūti ne iš karto. Kai piktybės kaupiasi, vėliau bėdos ištinka ir mūsų vaikus. Nesuprantantys šio dėsnio netikintieji daro daugybę įvairiausių piktų dalykų. Pavyzdžiui, jie mano, kad normalu atkeršyti savo skriaudėjams. Bet Patarlių knyga 20, 22 sako: *„Nesakyk: ‚Aš atlyginsiu už pikta!' Pasitikėk VIEŠPAČIU, ir jis tau padės."*

Dievas valdo gyvenimą, mirtį, žmonių sėkmes ir nesėkmes pagal savo teisingumą. Todėl, jeigu darome gera pagal Dievo žodį, mes tikrai sulauksime gerų vaisių. Išėjimo knygoje 20, 6 Dievas pažadėjo rodyti ištikimą meilę iki tūkstantosios kartos tiems, kurie Jį myli ir laikosi Jo įsakymų.

Norėdami susilaikyti nuo pikto turime nekęsti jo. Be to, mes turime du dalykus, kurie mums labai padeda. Tai Dievo žodis ir malda. Kai medituojame Dievo žodį dieną ir naktį, mes atsikratome piktų ir įgyjame dvasinių, gerų minčių. Mes suprantame, kas yra tikros meilės darbai.

Taip pat, melsdamiesi mes dar giliau medituojame Dievo žodį ir atpažįstame pikta savo žodžiuose ir darbuose. Kai karštai meldžiamės, Šventosios Dvasios padedami, įveikiame pikta ir išmetame iš savo širdies. Kuo greičiau atsikratykime pikto per Dievo žodį ir maldą, kad gyventume laimės kupiną gyvenimą.

10. Meilė nesidžiaugia neteisybe

Kuo labiau išsivysčiusi visuomenė, tuo daugiau dori žmonės turi galimybių daug pasiekti. Tuo tarpu mažiau išsivysčiusiose šalyse dažniausiai labiau klesti korupcija, ir pinigai lemia beveik viską. Korupcija dažnai vadinama valstybių liga, nes ji kenkia šalių klestėjimui. Korupcija ir neteisingumas labai pakenkia ir žmonių gyvenimui. Savanaudiški žmonės negali atrasti tikro pasitenkinimo, nes galvoja tik apie save ir nemyli kitų.

Nesidžiaugimas neteisybe ir pamiršimas, kas buvo bloga, yra labai panašūs. „Pamiršti, kas buvo bloga," reiškia neturėti jokio pikto širdyje. „Nesidžiaugti neteisybe" reiškia būti nepatenkintam gėdingais ir negarbingais poelgiais, veiksmais bei darbais ir nedalyvauti juose.

Tarkime, jūs pavydite turtingam draugui. Jis jums nepatinka, nes atrodo, kad visada giriasi savo turtu. Jūs galvojate: „Jis toks turtingas, o aš? Tikiuosi, kad jis subankrutuos." Tai pikto galvojimas. Vieną dieną kas nors jį apgauna, ir jo bendrovė patiria bankrotą. Tuomet jūs džiugiai galvojate: „Žinos, kaip girtis turtais. Taip jam ir reikia!" Tai džiaugimasis neteisybe. Be to, jei dalyvaujate tokiuose veiksmuose, jūs aktyviai džiaugiatės neteisybe.

Neteisingumas, net netikinčiųjų manymu, yra neteisybė. Pavyzdžiui, kai kurie žmonės susikrauna turtą nesąžiningai, apgaudinėdami ar grasindami kitiems jėga. Kartais žmonės pažeidinėja savo šalies įstatymus, mainais į asmeninę naudą. Jeigu teisėjas priima neteisingą sprendimą, paėmęs kyšį, ir nubaudžia nekaltą žmogų, tai neteisybė visų akyse. Tai piktnaudžiavimas teisėjo galia.

Parduodantieji kokias nors prekes kartais apgaudinėja sverdami arba meluoja apie kokybę. Kiti kartais naudoja pigias, žemos kokybės žaliavas, norėdami lengvai pasipelnyti. Jie galvoja ne apie kitus, bet tik apie savo trumpalaikę naudą. Jie žino, kas teisinga, bet nedvejodami apgaudinėja kitus, nes džiaugiasi neteisėtai gautais pinigais. Labai daug žmonių apgaudinėja kitus, nesąžiningai siekdami naudos. O kaip mes? Ar galime sakyti, kad esame švarūs?

Tarkime, kad jūs esate valstybės tarnautojas ir sužinote, kad vienas iš jūsų artimų bičiulių neteisėta veikla uždirba labai daug pinigų. Jeigu bus sugautas, jis bus griežtai nubaustas, bet tas bičiulis duoda jums didelę pinigų sumą, kad tylėtumėte arba kurį laiką nekreiptumėte dėmesio į jo veiklą. Jis žada vėliau duoti jums dar daugiau pinigų. Kaip tik tuo metu jūsų šeimai labai stinga pinigų, ir apvali suma tikrai jums praverstų. Kaip jūs pasielgtumėte?

Įsivaizduokime kitą situaciją. Vieną dieną jūs pasitikrinate savo banko sąskaitą ir pamatote, kad turite daugiau pinigų negu turėtumėte turėti, ir sužinote, kad iš jums pervestos sumos neatskaičiuoti mokesčiai. Ką jūs darytumėte? Ar nesidžiaugtumėte, kad tai kitų klaida, ir jūs už tai neatsakingas?
Metraščių antra knyga 19, 7 sako: „*Užtat tebūna su jumis VIEŠPATIES baimė. Elkitės rūpestingai, nes VIEŠPATYJE, mūsų Dieve, nėra jokio neteisingumo ar šališkumo, ar kyšių ėmimo.*" Dievas yra teisingas ir neturi jokio neteisingumo. Mes galime pasislėpti nuo žmonių, bet Dievo neapgausime. Todėl

bijodami Dievo, turime gyventi teisingai ir sąžiningai.

Prisiminkime Abraomą. Kai jo sūnėnas Sodomoje buvo užpuolikų paimtas į nelaisvę Abraomas išlaisvino ne tik jį, bet ir visus belaisvius bei grąžino jiems visus jų turtus. Sodomos karalius norėjo atsidėkoti Abraomui atgautais turtas, bet pastarasis nieko nepriėmė.

Abromas atsakė Sodomos karaliui: „Aš prisiekiau VIEŠPAČIUI, Dievui Aukščiausiajam, dangaus ir žemės Kūrėjui, kad neimsiu nei siūlo galo, nei apavo dirželio, nei ko nors, kas tau priklauso, idant nesakytumei: ,Aš padariau Abromą turtingą'" (Pradžios knyga 14, 22-23).

Kai jo žmona Sara mirė, žemių savininkas norėjo padovanoti Abraomui sklypą žmonos kapui, bet jis atsisakė ir sumokėjo sąžiningą kainą, kad ateityje nekiltų jokių ginčų dėl žemės. Jis taip pasielgė, nes buvo doras žmogus ir nenorėjo neužtarnauto pelno ar neteisėtos naudos. Jeigu jis būtų siekęs pinigų, būtų elgęsis, kaip jam naudinga.

Tie, kas myli Dievą, ir yra Dievo mylimi, niekada nieko nenuskriaus ir neieškos sau naudos, pažeisdami valstybės įstatymus. Jie nelaukia nieko daugiau, negu nusipelno savo sąžiningu darbu. Kas džiaugiasi neteisybe, nemyli Dievo ir savo artimo.

Neteisybė Dievo akyse

Neteisybė Viešpatyje truputį skiriasi nuo neteisybės bendrąja prasme. Tai ne tik įstatymo pažeidimas ir žalos kitiems darymas, bet ir kiekviena nuodėmė prieš Dievo žodį. Kai širdies piktybės pasireiškia konkrečiomis formomis, jos yra nuodėmės ir neteisybė, kuri dažniausiai yra kūno darbai.

Kitaip tariant, neapykanta, pavydas, įtarumas ir kitos širdies piktybės, pasireiškiančios veiksmais – kivirčais, nesantaika, smurtu, suktybėmis ar net žmogžudystėmis. Biblija sako, kad darantiesiems neteisybę labai sunku išsigelbėti.

Pirmas laiškas korintiečiams 6, 9-10 sako: *„Argi nežinote, kad neteisieji nepaveldės Dievo karalystės? Neklyskite! Nei ištvirkėliai, nei stabmeldžiai, nei svetimautojai nei sanguliautojai su vyrais, nei vagys, nei gobšai, nei girtuokliai, nei keikūnai, nei plėšikai nepaveldės Dievo karalystės."*

Achanas buvo vienas iš žmonių, kuriems patiko neteisybė, kuri baigėsi jo sunaikinimu. Jis buvo iš antros kartos po Išėjimo ir nuo vaikystės matė ir girdėjo apie tai, ką Dievas buvo padaręs savo tautai. Jis matė debesies stulpą dieną ir ugnies stulpą naktį, kurie vedė juos. Jis matė, kaip sustojo Jordano upės tėkmė ir akimirksniu subyrėjo neįveikiamos Jericho miesto sienos. Jis puikiai žinojo tautos vado Jozuės įsakymą neimti jokio daikto iš Jericho, nes viskas turėjo būti paaukota Dievui.

Tačiau pamačius visus daiktus Jericho mieste, godumas atėmė jam sveiką protą. Po ilgalaikio skurdaus gyvenimo dykumoje daiktai mieste atrodė jam labai gražūs. Pamatęs gražią skraistę, auksą ir sidabrą, jis pamiršo Dievo žodį bei Jozuės įsakymą ir pasislėpė juos.

Pasidavęs nuodėmei Achanas sulaužė Dievo įsakymą, ir daugybė izraelitų žuvo kitame mūšyje. Šios netektys atskleidė Achano nusikaltimą, ir jis bei jo šeimos nariai buvo užmušti akmenimis. Akmenys buvo sukrauti ant jų į krūvą, ir ta vieta buvo pavadinta Achoro slėniu.

Taip pat perskaitykite Skaičių knygos 22-24 skyrius. Bileamas buvo žmogus, kuris galėjo klabėtis su Dievu. Balakas, Moabo karalius, paprašė jo prakeikti Izraelio tautą. Dievas pasakė Bileamui: *„Neisi su jais, tos tautos neprakeiksi, nes ji palaiminta"* (Skaičių knyga 22, 12).

Išgirdęs Dievo žodį Bileamas atmetė Moabo karaliaus prašymą, bet kai pastarasis atsiuntė jam aukso, sidabro ir daug turtų, Bileamas pametė galvą. Turto apakintas jis pamokė karalių suvedžioti Izraelio tautą. Kuo viskas baigėsi? Izraelio sūnūs valgė stabams paaukotą maistą bei svetimavo ir užsitraukė didžiulius vargus, o Bileamas galiausiai žuvo nuo izraelitų kardo. Tai buvo meilės neteisybe pelnytam turtui pasekmė.

Neteisybė tiesiogiai susijusi su išganymo praradimu Dievo akyse. Jeigu matome tikėjimo brolius ir seseris, kurie gyvena neteisybėje kaip šio pasaulio netikintieji, ką mums daryti? Žinoma turime gedėti dėl jų, melstis už juos ir padėti jiems gyventi pagal Dievo žodį. Bet kai kurie tinkintieji pavydi jiems ir galvoja: „Ir aš noriu gyventi lengvesnį ir patogesnį krikščionišką gyvenimą kaip jie." Tačiau jeigu dalyvaujate jų darbuose, sunku patikėti, kad jūs mylite Viešpatį.

Jėzus, būdamas nekaltas, mirė ant kryžiaus, kad nuvestų mus, neteisiuosius, pas Dievą (Petro pirmas laiškas 3, 18). Suvokę didingą Viešpaties meilę turime niekada nesidžiaugti neteisybe ir ne tik nesielgti neteisingai, bet aktyviai gyventi pagal Dievo žodį. Tuomet mes tapsime Viešpaties draugais ir gyvensime klestėdami (Evangelija pagal Joną 15, 14).

11. Meilė su džiaugsmu pritaria tiesai

Jonas, vienas iš dvylikos Jėzaus mokinių, buvo apsaugotas nuo kankinio mirties ir sulaukė senatvės, skelbdamas Jėzaus Kristaus evangeliją ir Dievo valią daugybei žmonių. Vienas iš labiausiai jį džiuginančių dalykų gyvenimo pabaigoje buvo girdėti, kad tikintieji stengiasi gyventi Dievo žodyje, tiesoje.

Jis rašo: *„Aš labai apsidžiaugiau, kai atvykę broliai paliudijo apie tavo teisumą, kaip tu vaikščioji tiesoje. Aš nerandu didesnio džiaugsmo, kaip klausytis, jog mano vaikai gyvena tiesoje"* (Jono trečias laiškas 1, 3-4).

Apaštalas rašo, kad labai apsidžiaugė. Kadaise jis buvo ūmaus būdo, jaunystėje net buvo vadintas „griaustinio vaiku", bet pasikeitęs jis gavo meilės apaštalo titulą.

Jeigu mes mylime Dievą, nedarysime neteisingų darbų, bet elgsimės, vadovaudamiesi tiesa. Taip pat mes džiaugsimės tiesa. Tiesa yra Jėzus Kristus, evangelija ir visos 66 Biblijos knygos. Tie, kas myli Dievą ir yra Jo mylimi, tikrai džiaugiasi Jėzumi Kristumi ir evangelija. Jie džiaugiasi, kai Dievo karalystė plečiasi. Ką reiškia su džiaugsmu pritarti tiesai?

Pirma, tai džiaugtis evangelija.

Evangelija yra geroji naujiena apie tai, kad esame išgelbėti per Jėzų Kristų ir einame į dangaus karalystę. Daug žmonių ieško tiesos ir klausia savęs: „Kokia gyvenimo prasmė? Dėl ko verta gyventi?" Ieškodami atsakymų į šiuos klausimus jie gilinasi į ideologijas, filosofiją arba įvairias religijas. Tačiau tiesa yra Jėzus

Kristus, ir niekas nenueis į dangų be Jėzaus Kristaus. Todėl Jis pasakė: „*Aš esu kelias, tiesa ir gyvenimas. Niekas nenueina pas Tėvą kitaip, kaip tik per mane*" (Evangelija pagal Joną 14, 6).

Mes buvome išgelbėti ir gavome amžinąjį gyvenimą, priėmę Jėzų Kristų. Mūsų nuodėmės atleistos per Viešpaties kraują, mes perkelti iš pragaro į dangų. Dabar mes suprantame gyvenimo prasmę ir vertai gyvename. Todėl mums labai natūralu džiaugtis evangelija. Tie, kas džiaugiasi evangelija, uoliai dalinasi ja su kitais. Jie vykdo Dievo duotas pareigas ir ištikimai darbuojasi, skelbdami evangeliją. Taip pat jie džiaugiasi, kai išgirdę evangeliją sielos gauna išganymą, priėmę Viešpatį į savo širdį. Jie labai džiaugiasi, kai Dievo karalystė plečiasi. „*Kuris [Dievas] trokšta, kad visi žmonės būtų išganyti ir pasiektų tiesos pažinimą*" (Pirmas laiškas Timotiejui 2, 4).

Tačiau yra tikinčiųjų, kurie pavydi tiems, kas evangelizuoja daug žmonių ir atneša daug vaisių. Kai kurios bažnyčios pavydi, kai kitos bažnyčios auga ir atneša garbę Dievui. Tai nesidžiaugimas tiesa. Jeigu turime dvasinę meilę savo širdyje, mes džiaugiamės, matydami Dievo karalystės darbus. Mes džiaugiamės, matydami augančias ir Dievo mylimas bažnyčias. Taip mes su džiaugsmu pritariame tiesai, kai džiaugiamės evangelija.

Antra, tai džiaugtis viskuo, kas priklauso tiesai.

Tai džiaugtis matant, girdint ir darant dalykus, priklausančius tiesai: gerumą, meilę ir teisingumą. Tie, kas su džiaugsmu pritaria tiesai, apsiverkia iš džiaugsmo, girdėdami net apie mažus gerus darbus. Jie išpažįsta, kad Dievo žodis yra tiesa, saldesnė už medų. Jie džiaugiasi, klausydami pamokslų ir skaitydami Bibliją. Be to, jie džiaugiasi, vykdydami Dievo žodį, ir su džiaugsmu paklūsta jam, liepiančiam tarnauti, suprasti ir atleisti net tiems, kas blogai elgiasi su jais.

Dovydas mylėjo Dievą ir norėjo pastatyti Jam šventyklą, bet Dievas jam neleido. Priežastis atskleista Metraščių pirmoje knygoje 28, 3: „*Tu nestatysi Namų mano vardui, nes esi kovotojas ir išliejai kraujo.*" Dovydas negalėjo išvengti kraujo praliejimo, nes daug kariavo, tačiau jis nebuvo priimtinas šventovės statymui Dievo akyse.

Dovydas negalėjo statyti šventovės, bet paruošė visas statybines medžiagas, kad jo sūnus Saliamonas pastatytų šventyklą. Dovydas visomis išgalėmis ruošė šias medžiagas ir labai džiaugėsi tai darydamas. „*Žmonės džiaugėsi geros valios atnašomis, nes atnašavo iš visos širdies. Ir karalius Dovydas tuo labai džiaugėsi*" (Metraščių pirma knyga 29, 9).

Panašiai tie, kas su džiaugsmu pritaria tiesai, džiaugiasi, kai kiti gerai ir pasiturinčiai gyvena. Jie nepavydi. Jiems neįsivaizduojama piktai galvoti, kad kas nors bloga turi atsitikti kitam, arba būti patenkintiems dėl kitų žmonių nelaimių. Kai mato blogus įvykius, jie liūdi. Taip pat, kas su džiaugsmu pritaria tiesai, tie myli maloningai, besąlygiškai, ištikimai ir visa širdimi. Jie džiaugiasi gerais žodžiais ir darbais. Dievas taip pat džiaugiasi jais ir džiūgauja, kaip parašyta Sofonijo knygoje 3, 17: „*VIEŠPATS, tavo Dievas, pergalę teikiantis galiūnas, yra tavyje: jis noriai džiaugsis tavimi, atnaujins tave mylėdamas ir džiūgaus dėl tavęs giedodamas.*"

Net jei negalite visada su džiaugsmu pritarti tiesai, nenusiminkite ir nenusivilkite. Jeigu stengsitės iš visų jėgų, mylintis Dievas įvertins net jūsų pastangas su džiaugsmu pritarti tiesai.

Trečia, tai tikėti Dievo žodžiu ir vykdyti jį.

Labai retai sutiksi žmogų, kuris iš karto ir visada su džiaugsmu pritartų tiesai. Kol turime tamsos ir netiesos savyje, mes pagalvojame apie piktybes ir kartais džiaugiamės neteisybe. Tačiau po truputį keisdamiesi ir atsikratydami netiesos širdyje mes pradedame visada džiaugtis tiesa, bet turime ilgai stengtis, kad tai pasiektume. Pavyzdžiui, ne visi džiaugiasi pamaldomis bažnyčioje ir nori jas reguliariai lankyti. Naujai įtikėjusieji arba turintieji silpną tikėjimą gali jaustis pavargę, arba jų širdis būti kur nors kitur. Jiems gali rūpėti krepšinio rungtynių rezultatai arba būsimas susitikimas verslo reikalais. Tačiau bažnyčios lankymas ir aktyvus dalyvavimas pamaldose yra pastangos paklusti Dievo žodžiui. Tai pritarimas su džiaugsmu tiesai. Kodėl turime taip stengtis? Kad būtume išganyti ir nueitume į dangų, nes mes išgirdome Tiesos žodį, tikime į Dievą, teismą, dangų ir pragarą. Žinodami, kad mūsų laukia nevienodas atpildas danguje, mes uoliai stengiamės šventėti ir ištikimai darbuotis Dievo karalystei. Gal ne visada šimtu procentų su džiaugsmu pritariame tiesai, bet stengiamės pagal savo tikėjimo saiką, ir tai reiškia, kad su džiaugsmu pritariame tiesai.

Alkti ir trokšti tiesos

Mums turi būti natūralu su džiaugsmu pritarti tiesiai. Tik tiesa suteikia mums amžinąjį gyvenimą ir gali visiškai mus pakeisti. Jeigu girdime ir vykdome tiesą, kuri yra evangelija, mes tapsime ištikimais Dievo vaikais. Kai mes kupini dangaus karalystės ir dvasinės meilės vilties, mūsų veidai spindi džiaugsmu. Kiek pasikeisime tiesoje, tiek būsime laimingi, Dievo mylimi ir palaiminti, taip pat ir daug žmonių mus mylės.

Mes turime ne tik visą laiką su džiaugsmu pritarti tiesai, bet ir alkti bei trokšti tiesos. Kai išalkstate ir ištrokštate, jūs labai norite maisto ir vandens. Kai trokštame tiesos, turime uoliai jos trokšti, kad greitai pasikeistume ir taptume tiesos žmonėmis. Turime gyventi, visada valgydami ir gerdami tiesą. Ką reiškia valgyti ir gerti tiesą? Laikyti Dievo žodžio tiesą širdyje ir vadovautis ja savo gyvenime.

Jeigu mes stovime prieš žmogų, kurį labai mylime, sunku nuslėpti džiaugsmą savo veide. Tas pats būna, kai mylime Dievą. Dabar mes negalime regėti Dievo veido, bet jeigu tikrai Jį mylime, tai atsispindi mūsų išorėje. Kai mes matome arba išgirstame ką nors apie tiesą, mes džiaugiamės ir būname laimingi. Mūsų laimingi veidai neliks nepastebėti mus supančių žmonių. Mes liesime dėkingumo ašaras, vien pagalvoję apie Dievą ir Viešpatį, net maži geri darbai jaudins mūsų širdis.

Gerumo, dėkingumo ir gedėjimo dėl kitų sielų ašaros vėliau taps nuostabiais brangakmeniais, kurie puoš kiekvieno iš mūsų namus danguje. Su džiaugsmu pritarkime tiesai, kad mūsų gyvenimas būtų pilnas akivaizdumo, jog esame Dievo mylimi.

Dvasinės meilės savybės II

6. Ji nesielgia netinkamai
7. Ji neieško sau naudos
8. Ji nepasiduoda piktumui
9. Ji pamiršta, kas buvo bloga
10. Ji nesidžiaugia neteisybe
11. Ji su džiaugsmu pritaria tiesai

12. Meilė visa pakelia

Kai mes priimame Jėzų Kristų ir stengiamės gyventi pagal Dievo žodį, turime daug ką pakelti. Turime pakelti iššaukiančias situacijas. Turime ugdyti susilaikymą ir nepasiduoti savo geiduliams. Todėl pirmoji meilės savybė yra kantrumas.

Reikia kantriai kovoti savo viduje, stengiantis atmesti visas netiesas, slypinčias širdyje. „Visa pakelti" turi platesnę prasmę. Kai kantrumu išsiugdome tiesą savo širdyje, turime pakelti visus skausmus, su kuriais susiduriame savo kelyje dėl kitų žmonių. Kitaip tariant, turime pakelti visa, kas prieštarauja dvasinei meilei.

Jėzus atėjo į šią žemę gelbėti nusidėjėlių, ir kaip žmonės elgėsi su Juo? Jis darė tik gera, tačiau žmonės tyčiojosi, nepaisė ir negerbė Jo. Galiausiai jie nukryžiavo Jį. Tačiau Jėzus pakėlė visas patyčias ir maldoje užtarė savo skriaudėjus: *„Tėve, atleisk jiems, nes jie nežino, ką darą"* (Evangelija pagal Luką 23, 34).

Ką atnešė Jėzaus galėjimas visa pakelti ir Jo meilė žmonėms? Dabar kiekvienas, kas priima Jėzų kaip savo asmeninį Gelbėtoją, gauna išganymą ir tampa Dievo vaiku. Mes išlaisvinami iš mirties ir perkeliami į amžinąjį gyvenimą.

Korėjiečių patarlė sako: „Galąsk kirvį, kol padarysi adatą." Tai reiškia, kad su kantrybe ir ištverme galima įvykdyti net pačią sunkiausią užduotį. Kiek laiko ir pastangų prireiktų, kad nugaląstume plieno kirvį iki adatos dydžio? Atrodo, kad tai neįmanoma užduotis, ir žmogus gali pagalvoti: „Ar ne geriau parduoti kirvį ir nusipirkti adatų?"

Bet Dievas laisva valia prisiėmė tokį triūsą, nes Jis yra mūsų dvasios valdovas. Dievas lėtas pykti ir visa pakelia, rodydamas mums gailestingumą ir maloningumą, nes myli mus. Jis grando ir poliruoja žmonių širdis, nors jos kietos kaip geležis. Jis laukia visų kas nori tapti ištikimais Jo vaikai, net tų, kurie atrodo neturi jokių galimybių jais tapti.

Jis nenulauš palūžusios nendrės ir neužgesins gruzdančio dagčio, kol nenuves į pergalę teisingumo (Evangelija pagal Matą 12, 20).

Šiandien Dievas taip pat pakelia visą skausmą, matydamas žmonių veiksmus, ir su džiaugsmu laukia mūsų. Jis kantriai laukia, kol žmonės pasikeis ir taps geresni, nors jie piktai elgiasi jau tūkstančius metų. Nors žmonės nusigręžė nuo Dievo ir tarnavo stabams, Jis parodė, kad yra tikrasis Dievas ir pakelia juos su tikėjimu. Jeigu Dievas pasakytų: „Jūs pilni nuodėmių ir esate beviltiški, aš nebegaliu pakęsti jūsų," kiek žmonių išsigelbėtų?

Jeremijo knygoje 31, 3 parašyta: *„Amžina meile aš pamilau tave, todėl nesiliauju tau reikštis ištikimąja meile."* Dievas veda mus savo ištikima ir nesibaigiančia meile.

Atlikdamas didelės bažnyčios pastoriaus tarnystę, aš tam tikru mastu supratau Dievo kantrumą. Sutikau daug žmonių, turinčių daug nuodėmių ir trūkumų, bet jausdamas Dievo širdį visada žiūrėjau į juos su tikėjimu, kad vieną dieną jie pasikeis ir atneš garbę Dievui. Buvau kantrus ir tikėjau jais, todėl daug bažnyčios narių augo tikėjime ir tapo gerais vadovais.

Kiekvieną kartą greitai pamiršdavau, ką teko iškęsti dėl jų, ir atrodo, kad vargai truko tik akimirką. Petro antrame laiške 3, 8 parašyta: „*Tačiau, mylimieji, vienas dalykas neturi likti jūsų nepastebėtas: viena diena pas Viešpatį yra kaip tūkstantis metų, ir tūkstantis metų – kaip viena diena,"* ir aš gerai supratau, ką reiškia ši eilutė. Dievas visa pakelia labai ilgą laiką, bet laiko jį tik trumpa akimirka. Supraskime šią nuostabią Dievo meilę ir mylėkime ja kiekvieną šalia esantį žmogų.

13. Meilė visa tiki

Jeigu tikrai mylite kokį nors žmogų, jūs visada juo tikite. Net jeigu jis turi trūkumų, jūs vis tiek stengsitės juo tikėti. Vyras ir žmona yra meilės susieti. Jeigu sutuoktinių pora neturi meilės, jie nepasitiki vienas kitu, ginčijasi dėl visko ir viskuo įtarinėja vienas kitą. Sunkiais atvejais jiems ima vaidentis sutuoktinio neištikimybė, ir jie kankina vienas kitą fiziškai ir emociškai. Jeigu tikrai mylėtų vienas kitą, jie visiškai pasitikėtų vienas kitu bei tikėtų, kad sutuoktinis yra geras žmogus ir dorai bei teisingai elgiasi. Kai sutuoktiniai tiki vienas kitu, jiems gerai sekasi, ir jie daug pasiekia savo srityse.

Pasitikėjimas ir tikėjimas gali būti meilės stiprumo matas. Todėl tikėti į Dievą visa širdimi reiškia mylėti Jį visa širdimi. Abraomas, tikėjimo tėvas, buvo vadinamas Dievo bičiuliu. Abraomas nedvejodamas pakluso Dievo įsakymui paaukoti savo vienintelį sūnų Izaoką. Jis galėjo taip pasielgti todėl, kad visa širdimi tikėjo į Dievą. Dievas matė Abraomo tikėjimą ir pripažino jo meilę.

Mylėti reiškia tikėti. Tie, kas visa širdimi myli Dievą, ir tiki Juo visa širdimi. Jie šimtu procentų tiki visais Dievo žodžiais. Ir todėl kad viskuo tiki, jie visa pakelia. Norėdami pakelti viską, kas priešinga meilei, mes turime tikėti. Kitaip tariant, tik tikėdami kiekvienu Dievo žodžiu galime viskuo viltis ir apipjaustyti savo širdį, kad atmestume viską, kas priešinga meilei.

Žinoma, griežtesne prasme, mes įtikėjome Dievą ne todėl, kad pirmi Jį pamilome. Dievas pirmas mus mylėjo, ir patikėję šiuo faktu mes pamilstame Dievą. Kaip Dievas mus mylėjo? Jis atidavė savo vienatinį Sūnų už mus, nusidėjėlius, kad atvertų mums išganymo kelią.

Iš pradžių mes pamilstame Dievą patikėję šiuo faktu, bet jeigu išsiugdome tobulą meilę, pasiekiame lygį, kuriame besąlygiškai tikime, nes mylime. Norėdami išsiugdyti tobulą dvasinę meilę, turime atsikratyti visų netiesų savo širdyje. Kai nebeturėsime netiesos savo širdyje, mums bus duotas dvasinis tikėjimas iš aukštybių, ir mes tikėsime visa savo širdimi. Niekada nebesuabejosime Dievo žodžiu, ir mūsų pasitikėjimas Dievu niekada nesusvyruos. Be to, išsiugdę tobulą dvasinę meilę mes visais tikėsime. Ne todėl, kad visi žmonės patikimi, bet net tada, kai jie pilni nuodėmių ir trūkumų, mes žvelgiame į juos tikėjimo akimis.

Turime turėti norą tikėti bet kokiu žmogumi. Turime tikėti ir savimi. Net jeigu esame kupini trūkumų, turime tikėti į Dievą, kuris pakeis mus, žvelgti į save tikėjimo akimis ir tikėti, kad greitai pasikeisime. Šventoji Dvasia visada kalba mūsų širdyje: „Tu gali tai padaryti. Aš tau padėsiu." Jeigu tikite dieviškąja meile ir išpažįstate: „Man pavyks, aš pasikeisiu," Dievas padarys tai pagal jūsų išpažinimą ir tikėjimą. Kaip nuostabu tikėti!

Dievas taip pat tiki mumis. Jis tikėjo, kad kiekvienas iš mūsų gali pažinti Dievo meilę ir pasirinkti išganymo kelią. Jis žvelgė į mus tikėjimo akimis, todėl negailėdamas paaukojo savo viengimį Sūnų Jėzų ant kryžiaus. Dievas tiki, kad net tie, kas nepažįsta Viešpaties ir netiki Juo, bus išgelbėti ir ateis pas Dievą. Jis tiki, kad priėmusieji Viešpatį pasikeis ir bus labai panašūs į Dievą. Tikėkime kiekvienu žmogumi su šia Dievo meile.

14. Meilė viskuo viliasi

Girdėjau, kad Jungtinėje Karalystėje, Vestminsterio vienuolyne ant vieno antkapio parašyta: „Jaunystėje norėjau pakeisti pasaulį, bet man nepavyko. Subrendęs stengiausi pakeisti savo šeimą, bet nieko neišėjo. Tik prieš mirtį supratau, kad viskas galėjo man pavykti, jeigu būčiau pats pasikeitęs."

Paprastai žmonės stengiasi pakeisti kitą žmonų, jeigu jiems kas nors jame nepatinka. Tačiau pakeisti kitus yra beveik neįmanoma. Kartais sutuoktiniai kivirčijasi dėl smulkmenų, net dėl to, kaip teisingai spausti dantų pastos tūbelę. Turime pasikeisti patys, prieš bandydami pakeisti kitus. Paskui su meile galėsime laukti, nuoširdžiai vildamiesi, kad kiti pasikeis.

Viskuo viltis reiškia trokšti ir laukti, kad viskas, kuo jūs tikite, išsipildytų. Kitaip tariant, jeigu me mylime Dievą, tikime kiekvienu Dievo žodžiu ir viliamės, kad viskas įvyks pagal Jo žodį. Mes ilgimės ateinančių dienų, kai amžinai dalinsimės meile su Dievu Tėvu nuostabioje dangaus karalystėje. Todėl jūs visa pakeliate ir bėgate tikėjimo lenktynėse. Tačiau kas būtų, jei nebūtų vilties?

Netikintieji į Dievą negali turėti dangaus karalystės vilties, todėl gyvena pagal savo geidulius ir nesivilia amžinos ateities. Jie stengiasi įsigyti daug daiktų, kad patenkintų savo godumą, bet kad ir kiek daug turėtų ir džiaugtųsi, jie neranda tikro pasitenkinimo. Jie gyvena, bijodami ateities.

Kita vertus, tikintieji į Dievą viskuo viliasi ir renkasi siaurąjį kelią. Kodėl vadiname jį siauruoju keliu? Jis atrodo siauras tiems, kas netiki Dievu. Kai priimame Jėzų Kristų ir tampame Dievo vaikais, sekmadieniais einame į bažnyčią, garbiname Dievą ir vengiame pasaulietinių pramogų. Mes savanoriškai dirbame Dievo karalystei ir meldžiamės, kad gyventume pagal Dievo žodį. Tai labai sunku, neturint tikėjimo, todėl sakome, kad tai siaurasis kelias.

Pirmame laiške korintiečiams 15, 19 apaštalas Paulius sako: „*Ir jei vien dėl šio gyvenimo dėjome savo viltis į Kristų, tai mes labiausiai apgailėtini iš visų žmonių.*" Kūniškai žiūrint, gyventi visa pakeliant ir daug dirbant atrodo sunku. Tačiau viskuo viliantis, šis kelias yra laimingesnis už bet kokį kitą. Jeigu gyvename su labai mylimais žmonėmis, mes būsime laimingi net lūšnelėje. Vien pagalvojus apie faktą, kad amžinai gyvensime su brangiuoju Viešpačiu danguje, mus apima begalinė laimė! Mes džiaugiamės, vien pagalvoję apie tai. Turėdami tikrą meilę su pasitikėjimu laukiame ir viliamės, kad viskas, kuo tikime, išsipildys.

Laukimas su tikėjimu yra galingas. Tarkime, vienas iš jūsų vaikų nueina klystkeliais ir visai nebesimoko. Net šis vaikas, jeigu tikėsite juo, sakysite jam apie tai ir vilsitės, kad jis pasikeis, vėl pasidarys geras. Tėvų tikėjimas savo vaikais skatina pastarųjų tobulėjimą ir pasitikėjimą savimi. Pasitikintys savimi vaikai tiki, kad gali padaryti bet ką; jie turi ryžto įveikti sunkumus ir šis nusistatymas padeda jiems geriau mokytis.

Tas pats ir rūpinantis sielomis bažnyčioje. Niekada neturime daryti skubotų išvadų apie kitą žmogų. Turime nepasiduoti blogoms mintims: „Atrodo šiam žmogui labai sunku pasikeisti" arba „Ji visai nesikeičia." Turime žvelgti į kiekvieną su viltimi, kad jis greitai pasikeis, ir Dievo meilė suminkštins jo širdį. Turime nuolat melstis už juos ir su tikėjimu padrąsinti žodžiais: „Tikiu tavimi, tau pavyks!"

15. Meilė visa ištveria

Pirmame laiške korintiečiams 13, 7 parašyta: „*[Meilė] visa pakelia, visa tiki, viskuo viliasi ir visa ištveria.*" Mylėdamas gali lengvai viską pakelti. Tai ką reiškia „ištverti"? Kai mes visa pakeliame ne vien iš meilės, susiduriame su pasekmėmis. Kai vėjas pučia virš ežero ar jūros, pakyla bangos. Net vėjui nurimus, vanduo dar banguoja. Net kai visa pakeliame, ne viskas iš karto baigiasi. Mes sulaukiame tam tikrų pasekmių arba padarinių.

Pavyzdžiui, Evangelijoje pagal Matą 5, 39 Jėzus sako: „*O aš jums sakau: nesipriešink piktam [žmogui], bet jei kas tave užgautų per dešinį skruostą, atsuk jam ir kitą.*" Net jei kas nors užgauna jus per dešinį skruostą, turite ne duoti grąžos, bet tiesiog ištverti. Ar tai viskas? Jūs patirsite padarinius, skausmą. Jums skaudės skruostą, bet širdies skausmas bus dar didesnis. Žinoma, žmonėms skauda širdį dėl skirtingų priežasčių. Vieniems skauda todėl, kad jų manymu juos be priežasties užgavo, ir jie pyksta dėl to. Kitiems skauda širdį todėl, kad jie supykdė kitą žmogų. Dar kitiems gali būti gaila brolio, kuris nesuvaldė savo pykčio ir išreiškė jį fiziškai, užuot ieškojęs tinkamesnio ir konstruktyvesnio būdo.

Ištvermės padariniai gali būti ir išorinės aplinkybės. Pavyzdžiui, kas nors užgavo jus per dešinį skruostą, ir jūs atsukote jam kitą pagal Dievo žodį. Tuomet jis trenkė jums ir per kairį skruostą. Jūs visa pakėlėte pagal Dievo žodį, bet atrodo, kad padėtis tik pablogėjo.

Tai atsitiko Danieliui. Jis nepasielgė prieš savo sąžinę, nors žinojo, kad už tai bus įmestas į liūtų duobę. Jis mylėjo Dievą ir nesiliovė meldęsis, net kai jam už tai grėsė mirtis. Taip pat jis nepyko ant tų, kas bandė jį nužudyti. Ar jo padėtis pagerėjo, kai jis visa pakėlė, paklusdamas Dievo žodžiui? Ne. Jis buvo įmestas į liūtų duobę! Galime manyti kad visi išbandymai turi liautis, jei pakelsime visa, kad daroma be meilės. Kodėl išbandymai vis tiek tęsiasi? Tai Dievo apvaizda tobulina mus ir suteikia nuostabius palaiminimus. Laukai atneša gausų ir gerą derlių, pakeldami lietų, vėją ir saulės karštį. Pagal Dievo apvaizdą mes tampame ištikimais Jo vaikais per išbandymus.

Išbandymai yra palaiminimai

Priešas velnias ir šėtonas trukdo Dievo vaikams, kai jie stengiasi gyventi šviesoje. Šėtonas visada ieško bet kokio pagrindo apkaltinti žmones, ir jeigu jie turi bent menkiausią ydą, šėtonas juos kaltina. Pavyzdžiui, kas nors blogai pasielgia su jumis, ir jūs išoriškai viską pakeliate, bet viduje jaučiate nuoskaudą. Priešas velnias ir šėtonas žino tai ir kaltina jus dėl šio jausmo. Tuomet Dievas leidžia jums patirti išbandymus pagal šį kaltinimą. Kol bus pripažinta, kad neturime pikto savo širdyje, mes patirsime apvalančius išbandymus. Žinoma, net atmetę visas nuodėmes ir pasiekę tobulą pašventinimą susidursime su išbandymais, kuriuos Dievas leidžia, kad suteiktų mums didesnių palaiminimų. Per tai mes ne tik išliksime be pikto, bet ir išsiugdysime didesnę meilę ir tobulesnį gerumą, neturėsime jokios dėmės ar kliaudos.

Tai ne tik asmeniniai palaiminimai, tas pats principas galioja Dievo karalystės darbe. Dievas daro didžius darbus, laikydamasis savo teisingumo. Rodydami didį tikėjimą ir darydami meilės darbus įrodome, kad esame geri Dievo indai, ir nugalime priešą velnią.

Kartais Dievas leidžia mus išmėginti. Jeigu ištveriame išmėginimus su gerumu ir meile, Dievas leidžia mums atnešti Jam daugiau šlovės su didesnėmis pergalėmis ir duoda didesnį atlyginimą. Jei įveiksime persekiojimus ir sunkumus dėl Viešpaties, tikrai būsime gausiai palaiminti. *„Palaiminti jūs, kai dėl manęs esate niekinami ir persekiojami bei meluojant visaip šmeižiami. Būkite linksmi ir džiūgaukite, nes jūsų laukia gausus atlygis danguje. Juk lygiai taip kadaise buvo persekiojami ir pranašai"* (Evangelija pagal Matą 5, 11-12).

Visa pakelti, tikėti, viltis ir ištverti

Jeigu visa tikite ir viliatės su meile, įveiksite bet kokį išmėginimą. Kaip konkrečiai mes turime visa tikėti, viltis ir ištverti?

Pirma, turime iki galo tikėti Dievo meile, net išmėginimuose.

Petro pirmas laiškas 1, 7 sako: *„Taip jūsų nuoširdus tikėjimas, brangesnis už pragaištantį auksą, kuris ugnimi ištiriamas, bus pripažintas vertas pagyrimo, šlovės bei pagarbos, kai apsireikš Jėzus Kristus."* Jis apvalo mus, kad galėtume džiaugtis šlove ir garbe, kai mūsų gyvenimas šioje žemėje baigsis.

Taip pat, jeigu ištikimai gyvename pagal Dievo žodį ir neiname į kompromisus su pasauliu, kartais tenka patirti nepelnytų kančių, ir kiekvieną kartą turime tikėti, kad Dievas rodo mums ypatingą meilę. Tuomet, užuot nusiminę, mes būsime dėkingi, kad Dievas veda mus į geresnes buveines danguje. Turime tikėti Dievo meile iki galo. Galime patirti skausmų tikėjimo išbandymuose. Kai skausmas aštrus ir trunka ilgai, galime pamanyti: „Kodėl Dievas man nepadeda? Ar Jis nebemyli manęs?" Bet tokiomis akimirkomis turime prisiminti Dievo meilę ir ištverti išbandymus. Turime tikėti, kad Dievas Tėvas nori nuvesti mus į geresnes dangaus buveines, nes Jis myli mus. Jeigu ištversime iki galo, galiausiai tapsime tobulais Dievo vaikais. „*...ištvermė tesubręsta darbu, kad jūs taptumėte tobuli, subrendę ir nieko nestokojantys*" (Jokūbo laiškas 1, 4).

Antra, kad visa ištvertume, turime tikėti, jog išbandymai pagreitina vilčių išsipildymą.

Laiške romiečiams 5, 3-4 parašyta: „*Ir ne vien tuo. Mes taip pat didžiuojamės sielvartais, žinodami, kad sielvartas gimdo ištvermę, ištvermė – išmėgintą dorybę, išmėginta dorybė – viltį.*" Sielvartai sustiprina mūsų viltį. Galite pagalvoti: „Kada aš pasikeisiu?", bet jeigu ištversite sielvartus, po truputį keisitės ir galiausiai tapsite ištikimais ir tobulais Dievo vaikais, panašiais į Jį.

Todėl, kai prasideda išbandymas, reikia ne vengti jo, bet iš visų jėgų stengtis jį išlaikyti. Žinoma, žmogui iš prigimties norisi rinktis lengviausią kelią, bet jeigu išsisukinėsime nuo išmėginimų, mūsų kelionė labai pailgės. Pavyzdžiui, vienas žmogus, kiekvienai progai pasitaikius, nuodija jums gyvenimą. Jūs to neparodote, bet jums nemalonu matyti tą žmogų. Jūs norite išvengti jo draugijos. Šio atveju jūs neturite nekreipti į tai dėmesio, turime stengtis aktyviai išspręsti šią problemą. Turite ištverti sunkumus, patiriamus su juo, ir išsiugdyti širdį, kuri tikrai supras tą asmenį ir atleis jam. Paskui Dievas pakeis jus savo malone. Taip kiekvienas išmėginimas taps pakopa į jūsų vilčių išsipildymą.

Trečia, kad visa ištvertume, turime daryti tik gera.

Susidūrę su pasekmėmis, net visa ištvėrę pagal Dievo žodį, paprastai žmonės skundžiasi Dievu ir klausia: „ Kodėl padėtis nesikeičia, pasielgus pagal Dievo žodį?" Visi tikėjimo išmėginimai yra atnešti priešo velnio ir šėtono. Kitaip tariant, išbandymai ir išmėginimai yra kova tarp gerumo ir pikto.

Norėdami pasiekti pergalę šioje kovoje, turime kovoti pagal dvasinės karalystės taisykles. Dvasinės karalystės dėsnis sako, kad gerumas galiausiai nugalės. Laiškas romiečiams 12, 21 sako: *„Nesiduok pikto nugalimas, bet nugalėk pikta gerumu."* Jeigu savo elgesiu rodome gerumą, gali atrodyti, kad prarandame orumą ir pralaimime, bet iš tiesų būna priešingai. Teisingas ir geras Dievas valdo sėkmę ir nelaimes, žmonių gyvenimą ir mirtį. Todėl susidūrę su išbandymais, sunkumais ir pesekiojimais turime priešintis tik gerumu.

Kartais tikintieji patiria persekiojimus iš netikinčių savo šeimos narių. Jie gali pagalvoti: „Kodėl mano vyras toks piktas? Kodėl mano žmona tokia pikta?" Paskui išbandymas dar pasunkėja ir pailgėja. Kaip šiuo atveju parodyti gerumą? Jūs turite melstis su meile ir tarnauti jiems Viešpatyje. Jūs turite tapti skaisčia šviesa savo šeimai.

Jei darysite jiems tik gera, Dievas atliks savo darbą tinkamu laiku. Jis išvarys priešą velnią ir šėtoną, taip pat suminkštins jūsų šeimos narių širdis. Visos problemos bus išspręstos, kai savo darbais rodysite gerumą pagal Dievo taisykles. Galingiausias ginklas dvasinėje kovoje yra ne žmonių išmintis, bet Dievo gerumas. Todėl išsilaikykime gerume ir darykime tik gera.

Ar turite artimą žmogų, kurio draugiją pakelti labai sunku? Kai kurie žmonės nuolat klysta, pridaro nuostolių ar kitaip apsunkina kitų gyvenimą. Kiti nuolat skundžiasi ir suirzta dėl smulkmenų. Tačiau, kai išsiugdysite tikrąją meilę, nebebus tokio žmogaus, kurio draugijos negalėtumėte pakelti, nes mylėsite kitus kaip save pačius, kaip Jėzus liepė mylėti savo artimą (Evangelija pagal Matą 22, 39).

Dievas Tėvas supranta ir pakenčia mus. Kol išsiugdai tikrąją meilę, turi gyventi kaip perlą auginantis moliuskas. Kai pašalinis daiktas – smiltelė, šapelis ar kriauklės nuolauža – patenka į perluotės vidų, šis moliuskas paverčia svetimkūnį brangiu perlu! Jei išsiugdysime dvasinę meilę, mes įžengsime pro perlo vartus į Naująją Jeruzalę, kurioje stovi Dievo sostas.

Įsivaizduokite, kaip eidami pro perlo vartus prisiminsite šią žemę. Tuomet pasakysime Dievui Tėvui: „Ačiū, kad visa pakėlei, tikėjai, vyleisi ir ištvėrei dėl manęs", nes Jis bus padaręs mūsų širdį panašią į nuostabų perlą.

Dvasinės meilės savybės III

12. Ji visa pakelia

13. Ji visa tiki

14. Ji viskuo viliasi

15. Ji viską ištveria

Tobuloji meilė

„Meilė niekada nesibaigia.
Išnyks pranašystės, paliaus kalbos, baigsis pažinimas.
Mūsų pažinimas dalinis ir mūsų pranašystės dalinės.
Kai ateis metas tobulumui, kas yra dalinis – pasibaigs.
Kai buvau vaikas, kalbėjau kaip vaikas, mąsčiau kaip vaikas,
protavau kaip vaikas; tapęs vyru, mečiau tai, kas vaikiška.
Dabar mes regime lyg veidrodyje, mįslingu pavidalu,
o tuomet regėsime akis į akį.
Dabar pažįstu iš dalies, o tuomet pažinsiu, kaip pats esu pažintas.
Taigi dabar pasilieka tikėjimas, viltis ir meilė – šis trejetas,
bet didžiausia jame yra meilė."
Pirmas laiškas korintiečiams 13, 8-13

Jeigu jums leistų pasiimti tik vieną dalyką į dangų, ką jūs pasiimtumėte? Aukso? Deimantų? Pinigų? Visi šie daiktai yra beverčiai danguje. Danguje gatvės nutiestos iš gryno aukso. Viskas, ką Dievas paruošė dangaus buveinėse yra be galo gražu ir brangu. Dievas supranta mūsų širdis ir paruošia tai, kas geriausia, visomis savo pastangomis. Tačiau yra vienas dalykas, kurį galime pasiimti iš šios žemės. Jis bus vertingas ir danguje. Tai meilė. Meilė išugdyta mūsų širdyje gyvenimo šiame pasaulyje metu.

Meilė reikalinga ir danguje

Kai žmogaus ugdymas baigsis, ir jis nueis į dangaus karalystę, visi šios žemės daiktai išnyks (Apreiškimas Jonui 21, 1). Psalmyne 103, 15 parašyta: *„Žmogaus dienos panašios į žolę, jis žydi kaip laukų gėlė."* Net nematerialus turtas, garbė ir autoritetas taip pat išnyks. Visos nuodėmės ir tamsa, neapykanta, kivirčai, pavydas ir įtarumas išnyks.

Pirmas laiškas korintiečiams 13, 8-10 sako: *„Meilė niekada nesibaigia. Išnyks pranašystės, paliaus kalbos, baigsis pažinimas. Mūsų pažinimas dalinis ir mūsų pranašystės dalinės. Kai ateis metas tobulumui, kas yra dalinis – pasibaigs."*

Pranašystės, kalbos ir pažinimas Dieve yra dvasiniai dalykai, kodėl ir jie išnyks? Dangus yra tobula vieta dangaus karalystėje. Danguje viską žinosime aiškiai. Net jeigu aiškiai bendraujame su Dievu ir pranašaujame, tai labai toli nuo būsimo visko supratimo dangaus karalystėje. Ten aiškiai suprasime Dievo Tėvo ir Viešpaties širdį, ir pranašysčių nebereikės.

Tas pats su kalbomis. Čia „kalbos" reiškia skirtingas kalbas.

Šioje žemėje turime daug skirtingų kalbų, ir norėdami susikalbėti su kalbančiais kitomis kalbomis turime išmokti jų kalbas. Dėl kultūrinių skirtumų mums reikia labai daug laiko ir pastangų, kad pasidalintume savo širdimi ir mintimis. Net kalbėdami ta pačia kalba negalime visiškai suprasti kito širdies ir minčių. Net sklandžiai ir iškalbingai pasakojant, nelengva perteikti savo jausmus ir mintis šimtu procentų. Žodžiai dažnai sukelia nesusipratimų ir kivirčų. Žodžiuose gausu klaidų.

Jeigu nueisime į dangų, minėti dalykai mums neberūpės. Danguje yra tik viena kalba. Ten nereikia rūpintis, kad gali ne taip suprasti kitą. Gera širdis perduoda tai, kas ji iš tiesų yra, todėl negali būti neteisingai suprasta.

Tas pats su pažinimu. Čia pažinimas reiškia Dievo žodžio žinojimą. Kol gyvename šioje žemėje turime uoliai studijuoti Dievo žodį. 66-ose Biblijos knygose sužinome, kaip galime išsigelbėti ir įgyti amžinąjį gyvenimą. Mes sužinome apie Dievo valią, bet tai tik Dievo valios dalis apie tai, ką turime daryti, kad nueitume į dangų.

Pavyzdžiui, mes išgirstame, sužinome ir mokomės mylėti vienas kitą, nepavydėti, neapkalbėti ir taip toliau, bet danguje yra tik meilė, todėl ten mums nebereikės šio pažinimo. Nors tai ir dvasiniai dalykai, galiausiai net pranašystės, skirtingos kalbos ir visas pažinimas išnyks, nes visa tai reikalinga tik laikinai šiame fiziniame pasaulyje.

Todėl svarbu pažinti Dievo žodį ir sužinoti apie dangų, bet dar svarbiau ugdyti meilę. Kuo daugiau apipjaustysime savo širdį ir išsiugdysime meilės, tuo geresnę dangaus buveinę gausime.

Meilė yra amžinai brangi

Prisiminkite savo pirmąją meilę. Kokie laimingi jūs buvote! Meilė mus apakina, ir jei tikrai mylime kokį nors žmogų, matome jame tik gera, ir viskas pasaulyje atrodo nuostabu. Saulė šviečia skaisčiau negu anksčiau, ir mes užuodžiame tyro oro aromatą. Moksliniai tyrimai rodo, kad įsimylėjusių žmonių smegenų dalys, valdančios neigiamas ir kritiškas mintis, yra pasyvesnės. Kai žmogaus širdis pilna Dievo meilės, jis toks laimingas, kad pamiršta net valgyti. Danguje toks džiaugsmas truks amžinai.

Mūsų gyvenimas šioje žemėje yra kaip vaikų, palyginti su būsimu gyvenimu danguje. Pradedantis kalbėti kūdikis ištaria tik paprastus žodžius „mama" ir „tėtė". Vaikai nesupranta sudėtingų suaugusiųjų pasaulio. Vaikai kalba, supranta ir mąsto pagal savo vaikiškus sugebėjimus ir pažinimą. Jie nesupranta tikros pinigų vertės, ir pasiūlius jiems monetų arba kupiūrą, paprastai renkasi monetas, nes žino, kad už monetas galima įsigyti saldainių arba ledų, bet nežino kupiūros vertės.

Panašus ir mūsų supratimas apie dangų, kol gyvename šioje žemėje. Žinome, kad dangus yra nuostabi vieta, bet sunku išreikšti jo grožį. Dangaus karalystėje nėra ribų, ir tik ten išvysime grožio pilnatvę. Nuėję į dangų suprasime beribę ir paslaptingą dvasinę karalystę ir visus jos dėsnius ir principus. Pirmame laiške korintiečiams 13, 11 parašyta: *„Kai buvau vaikas, kalbėjau kaip vaikas, mąsčiau kaip vaikas, protavau kaip vaikas; tapęs vyru, mečiau tai, kas vaikiška."*

Dangaus karalystėje nėra tamsos, rūpesčių ir nerimo. Ten viešpatauja gerumas ir meilė. Mes galėsime išreikšti savo meilę ir tarnauti vienas kitam, kiek norėsime. Šiuo atžvilgiu fizinis pasaulis ir dvasinė karalystė yra visiškai skirtingi. Žinoma, net šioje žemėje žmonių supratimas ir mintys labai skiriasi pagal kiekvieno tikėjimo mastą.

Jono pirmo laiško antrame skyriuje minimi skirtingi tikėjimo lygiai: vaikelių, jaunuolių ir tėvų. Pasiekusieji vaikelių tikėjimo lygį yra dvasiniai vaikai. Jie negali suprasti gilių dvasinių dalykų ir turi mažai jėgų vykdyti Dievo žodį. Tačiau, kai jie taps jaunuoliais ir tėvais, jų žodžiai mintys ir veiksmai pasikeis. Jie pajėgs geriau vykdyti Dievo žodį ir nugalės tamsos jėgas. Tačiau net pasiekę tėvų tikėjimo lygį šioje žemėje, mes vis tiek būsime tik vaikai, palyginti su pažinimu, kurį turėsime, įžengę į dangaus karalystę.

Mes jausime tobulą meilę

Vaikystė yra pasiruošimas suaugusiojo gyvenimui, ir panašiai žemiškasis gyvenimas yra pasiruošimas amžinajam. Šis pasaulis yra kaip šešėlis, palyginti su dangaus karalyste, ir greitai praeina. Šešėlis nėra materialus daiktas. Kitaip tariant, jis netikras. Tai tik tamsus tikro daikto arba būtybės atvaizdas.

Karalius Dovydas laimino VIEŠPATĮ susirinkusiųjų akivaizdoje ir vaizdingai pasakė: *„Juk tavo akivaizdoje mes tik praeiviai, tik tavo svečiai, kaip ir visi mūsų tėvai. Mūsų dienos žemėje – tarsi šešėlis, išnykstantis be vilties"* (Metraščių pirma knyga 29, 15).

Kai matome kokio nors daikto šešėlį, įsivaizduojame to daikto bendrą pavidalą. Šis fizinis pasaulis yra kaip šešėlis, leidžiantis bendrais bruožais įsivaizduoti amžinąjį pasaulį. Kai šešėlis – žemiškasis gyvenimas – praeis, bus aiškiai atskleista tikrovė –

amžinasis pasaulis. Dabar mūsų žinios apie dvasinę karalystę yra neaiškios ir miglotos, kaip atspindys blausiame veidrodyje. Tačiau kai nueisime į dangaus karalystę, labai aiškiai viską suprasime. Pirmame laiške korintiečiams 13, 12 parašyta: „*Dabar mes regime lyg veidrodyje, mįslingu pavidalu, o tuomet regėsime akis į akį. Dabar pažįstu iš dalies, o tuomet pažinsiu, kaip pats esu pažintas.*" Apaštalas Paulius rašė šį „Meilės skyrių" maždaug prieš 2000 metų. Tais laikais veidrodžiai buvo kitokie negu dabar. Jie buvo gaminami ne iš stiklo. Žmonės nupoliruodavo sidabro, bronzos ar geležies plokštes, kad jos atspindėtų šviesą. Todėl veidrodžiai būdavo blausūs. Žinoma, kai kurie žmonės atvertomis dvasinėmis akimis aiškiau mato ir jaučia dangaus karalystę, tačiau dabar dangaus grožis ir laimė mums vis tiek neaiškūs.

Kai po mirties nueisime į dangaus karalystę, mes aiškiai ir betarpiškai matysime ir jausime viską, kas yra dangaus karalystėje. Mes pažinsime žodžiais neapsakomus Dievo didybę, galybę ir grožį.

Meilė yra didžiausia tarp tikėjimo, vilties ir meilės

Tikėjimas ir viltis yra labai svarbūs mūsų augimui. Mes galime būti išgelbėti ir nueiti į dangų, tik turėdami tikėjimą. Tik tikėjimu mes tampame Dievo vaikais. Išganymas, amžinasis gyvenimas ir dangaus karalystė yra įgyjami tik tikėjimu, todėl jis labai brangus. Visų turtų turtas yra tikėjimas, jis užtikrina atsakymus į mūsų maldas.

O kaip viltis? Viltis taip pat brangi, mes viliamės gerų buveinių danguje. Jei mes įgyjame tikėjimą, kartu įgauname vilties. Jeigu tikrai tikime į Dievą, dangų ir pragarą, mes viliamės dangaus. Taip pat, turėdami viltį, mes stengiamės šventėti ir ištikimai darbuotis Dievo karalystės labui. Tikėjimas ir viltis yra būtini, kad pasiektume dangaus karalystę. Bet kodėl Pirmame laiške korintiečiams 13, 12 pasakyta, kad meilė yra didžiausia?

Pirma, tikėjimas ir viltis yra reikalingi tik šioje žemėje, ir tik dvasinė meilė pasiliks dangaus karalystėje.

Danguje mums nereikės tikėti nematant ar ko nors viltis, nes viskas bus prieš mūsų akis. Tarkime, kad jūs labai mylite kokį nors žmogų ir nematėte jo savaitę arba daug ilgiau, dešimt metų. Mūsų jausmai bus daug gilesni ir stipresni, kai susitiksime jį po dešimties metų. Bet ar mes jausime ilgesį, būdami su tuo, kurio ilgėjomės dešimt metų?

Tas pats ir mūsų krikščioniškame gyvenime. Jeigu turime tikrą tikėjimą ir mylime Dievą, laikui einant, mūsų viltis ir tikėjimas augs. Mes vis labiau ilgėsimės Viešpaties, dienoms bėgant. Tie, kas tikrai viliasi dangaus, nesako, kad jiems sunku, nors jie pasirinko siaurąjį kelią šioje žemėje, ir nepasiduoda jokiems gundymams. Ir kai pasieksime savo kelionės tikslą, dangaus karalystę, mums nebereikės tikėjimo ir vilties. Tačiau meilė amžinai pasilieka danguje, ir todėl Biblija sako, kad meilė yra didžiausia.

Antra, tikėjimu mes galime pasiekti dangų, bet be meilės neįeisime į nuostabiausią dangaus buveinę, Naująją Jeruzalę.

Mes stengiamės pasiekti dangaus karalystę, aktyviai gyvendami tikėjimu ir viltimi. Kiek gyvename pagal Dievo žodį, atmetame nuodėmes ir išsiugdome mylinčią širdį, tiek gauname dvasinio tikėjimo, pagal kurio mastą gausime skirtingas buveines danguje:

Rojų, Pirmąją, Antrąją bei Trečiąją dangaus karalystes ir Naująją Jeruzalę.

Rojus skirtas tiems, kas turi tikėjimą, pakankamą išgelbėjimui per Jėzaus Kristaus priėmimą, bet nieko nepadarė dėl Dievo karalystės. Pirmoji dangaus karalystė skirta tiems, kas stengėsi gyventi pagal Dievo žodį, priėmę Jėzų Kristų. Ji daug gražesnė už Rojų. Antroji dangaus karalystė skirta tiems, kas gyveno pagal Dievo žodį su meile Dievui ir buvo ištikimi Dievo karalystei. Trečioji dangaus karalystė skirta tiems, kas mylėjo Dievą visa širdimi, atmetė visas pikto formas ir tapo šventi. Naujoji Jeruzalė skirta tiems, kas turi Dievui patinkantį tikėjimą ir buvo ištikimi visuose Dievo darbuose.

Naujoji Jeruzalė yra dangaus buveinė Dievo vaikams, su tikėjimu išsiugdžiusiems tobuląją meilę, tyriausios Dievo meilės kupina vieta. Iš tiesų niekas, išskyrus vienatinį Dievo Sūnų Jėzų Kristų, neatitinka visų reikalavimų įžengimui į Naująją Jeruzalę, bet mes taip pat galime ten patekti, jeigu esame išteisinti brangiuoju Jėzaus Kristaus krauju ir turime tobulą tikėjimą.

Norėdami būti panašūs į Jėzų Kristų ir gyventi Naujojoje Jeruzalėje, turime eiti Viešpaties nueitu keliu. Tai meilė kelias. Tik su šia meile galime atnešti devynis Šventosios Dvasios ir Kalno pamokslo palaiminimų vaisius, tapti ištikimais Dievo vaikais, turinčiais Viešpaties būdo bruožus. Kai mes įgyjame ištikimų Dievo vaikų savybes, gauname ko tik prašome šioje žemėje ir gausime garbę amžinai vaikščioti su Viešpačiu danguje. Mes nueiname į dangų, kai turime tikėjimą, ir atmetame nuodėmes, kai turime viltį. Todėl tikėjimas ir viltis yra tikrai reikalingi, bet meilė yra didžiausia, nes įžengsime į Naująją Jeruzalę tik tada, kai turėsime meilę.

Meilė yra Įstatymo įvykdymas

„Niekam nebūkite ką nors skolingi, išskyrus tarpusavio meilę, nes kas myli kitą, tas įvykdo įstatymą.

Juk įsakymai: Nesvetimauk, nežudyk, nevok, negeisk ir kiti gali būti sutraukti į tą vieną posakį:

Mylėk savo artimą kaip save patį.

Meilė nedaro nieko pikta artimui.

Taigi meilė – įstatymo įvykdymas."

Laiškas romiečiams 13, 8-10

3 dalis

Meilė yra Įstatymo įvykdymas

1 skyrius : Dievo meilė

2 skyrius : Kristaus meilė

Dievo meilė

„Mes esame pažinę ir įtikėję meilę,
kuria Dievas mus myli. Dievas yra meilė,
ir kas pasilieka meilėje, tas pasilieka Dieve,
ir Dievas pasilieka jame."
Jono pirmas laiškas 4, 16

Dirbdamas su kečujų genties indėnais Elliotas pradėjo evangelizuoti žiaurumu pagarsėjusią huaoranių gentį. Jis ir dar keturi misionieriai, Ed McCully, Roger Youderian, Peter Fleming ir lakūnas Nate Saint, lėktuvu susisiekė, su huaoranių genties indėnais, pasinaudodami garsiakalbiu ir krepšiu su dovanomis. Po kelių mėnesių šie vyrai nutarė įsikurti bazę netoli šios indėnų genties prie Kurarajaus upės. Mažos indėnų grupelės aplankė juos kelis kartus, ir jie net paskraidino lėktuvu smalsų huaoranį, kurį praminė „Džordžu" (jo tikrasis vardas buvo Naenkiwi). Šių draugiškų susitikimų padrąsinti, jie planavo apsilankyti pas huaoranius, bet juos aplenkė atvykęs didesnis būrys huaoranių, kurie nužudė Elliotą ir jo keturis bendradarbius 1956 metų sausio 8-ą dieną. Ellioto sužalotas kūnas buvo atrastas upėje kartu su kitų vyrų kūnais, išskyrus Ed McCully.

Elliotas ir jo draugai tapo visame pasaulyje žinomais kankiniais, žurnalas „Life" išleido dešimties puslapių straipsnį apie jų misiją ir mirtį. Jų likimas įžiebė susidomėjimą misijomis to meto krikščioniško jaunimo tarpe ir iki šiol įkvepia krikščionių misionierius visame pasaulyje. Po vyro mirties Elisabeth Elliot ir kiti misionieriai apsigyveno su auka indėnais ir padarė jiems didžiulę įtaką, daug jų atsivertė į krikščionybę. Dievo meilė laimėjo daug sielų.

Niekam nebūkite ką nors skolingi, išskyrus tarpusavio meilę, nes kas myli kitą, tas įvykdo įstatymą. Juk įsakymai: Nesvetimauk, nežudyk, nevok, negeisk ir kiti gali būti sutraukti į tą vieną posakį: Mylėk savo artimą kaip save patį. Meilė nedaro nieko pikta artimui. Taigi meilė – įstatymo įvykdymas (Laiškas romiečiams 13, 8-10).

Aukščiausio laipsnio meilė iš visų meilės rūšių yra Dievo meilė mums. Visatos ir žmonijos sukūrimas prasidėjo iš Dievo meilės.

Dievas sukūrė visatą ir žmoniją iš meilės

Pradžioje Dievas puoselėjo begalinę visatos erdvę savyje. Ji kitokia, negu šiandien mums žinoma visata. Tai erdvė neturinti pradžios, pabaigos ir jokių ribų. Joje viskas vyksta pagal Dievo valią ir Jo širdies norus. Jeigu Dievas gali daryti ką nori, kodėl Jis sukūrė žmones?

Jis panoro ištikimų vaikų, su kuriais galėtų dalintis savo visatos grožiu. Jis panoro pasidalinti erdve, kurioje viskas vyksta pagal norus. Tai panašu į žmonių norą, mes norime dalintis gerais dalykais su tais, kuriuos mylime. Turėdamas šią viltį Dievas suplanavo žmonijos ugdymą, kad įsigytų ištikimų vaikų.

Visų pirma Jis padalino vieną visatą į fizinį ir dvasinį pasaulius bei sukūrė dangaus pulkus, angelus ir kitas dvasines būtybes bei viską, ko reikia dvasinėje karalystėje. Jis sukūrė erdvę savo buvimui ir dangaus karalystę, kurioje gyvens Jo ištikimieji vaikai, o taip pat ir erdvę žmonijos ugdymui. Neišmatuojamam laikotarpiui praėjus, Jis sukūrė Žemę fiziniame pasaulyje bei saulę, mėnulį, žvaigždes ir visą gamtą, reikalingą žmonių gyvenimui.

Nesuskaičiuojama daugybė dvasinių būtybių, įskaitant angelus, supa Dievą, bet jos yra besąlygiškai paklusnios, panašiai kaip robotai. Jos yra ne tokios būtybės, su kuriomis Dievas galėtų dalintis savo meile. Jeigu turėtume robotų su gražiais veidais, tiksliai vykdančių visus mūsų norus, ar jie būtų mums brangesni už mūsų vaikus? Nors vaikai kartais neklauso mūsų, jie mums daug brangesni už bet kokius robotus, nes jaučia mūsų meilę ir išreiškia savo meilę mums. Tas pats su Dievu. Jam reikėjo vaikų, su kuriais Jis galėtų dalintis savo širdimi. Dievas sukūrė su meile pirmąjį žmogų Adomą.

Sukūręs Adomą Dievas užveisė sodą Edene, rytuose, ir ten įkurdino žmogų. Dievas paskyrė Adomą rūpintis Edeno sodu. Tai paslaptingai nuostabi vieta, kur labai gerai auga gėlės ir medžiai bei vaikštinėja mieli gyvūnai. Joje visur gausu vaisių. Vėjelis ten švelnus kaip šilkas, ir tyliai šnara žolė. Vanduo spindi kaip brangakmeniai, žėrintys šviesos spinduliuose. Net lakiausios vaizduotės žmogus negali perteikti viso šios vietos grožio.

Dievas davė Adomui padėjėją vardu Ieva, bet ne todėl, kad Adomas jautėsi vienišas. Dievas suprato Adomo širdį ir viską numatė iš anksto, nes Dievas labai ilgą laiką buvo vienas. Dievo sudarytose geriausiose gyvenimo sąlygose Adomas ir Ieva vaikščiojo su Dievu labai ilgą laiką, jie džiaugėsi didžiule galia ir viešpatavo visiems kūriniams.

Dievas ugdo žmones, kad padarytų juos savo ištikimais vaikais

Tačiau Adomui ir Ievai kai ko trūko, kad taptų ištikimais Dievo vaikais. Nors Dievas davė jiems savo meilės pilnatvę, jie negalėjo tikrai jausti Dievo meilės. Jie džiaugėsi viskuo, ką Dievas davė, bet neturėjo nieko nusipelnę ar užsidirbę savo pastangomis, todėl nesuprato, kokia brangi Dievo meilė, ir neįvertino visko, ką gavo. Be to, jie niekada nebuvo patyrę mirties ir liūdesio, todėl nežinojo gyvybės vertės. Jie nebuvo susidūrę su neapykanta, todėl nesuprato tikrosios meilės vertės. Nors girdėjo ir žinojo apie meilę savo protu, jie neturėjo tikrosios meilės savo širdyse.

Kaip tik dėl šios priežasties Adomas ir Ieva valgė nuo gero ir pikto pažinimo medžio. Dievas pasakė: „... *nes kai tik nuo jo paragausi, turėsi mirti,*" bet jie gerai nesuprato, ką reiškia mirti (Pradžios knyga 2, 17). Ar Dievas nežinojo, kad jie valgys nuo gero ir pikto pažinimo medžio? Žinojo. Jis žinojo, bet vis tiek davė Adomui ir Ievas laisvą valią pasirinkti paklusnumą. Jo apvaizda numatė žmonijos ugdymą.

Žmonių išugdymui Dievas leido visai žmonijai patirti ašaras, širdgėlą, skausmą, mirtį ir taip toliau, kad nuėję į dangų žmonės tikrai jaustų ir įvertintų dangiškąsias gėrybes bei džiaugtųsi tikra laime. Dievas norėjo dalintis savo meile su jais amžinai danguje, kuris yra nepalyginamai nuostabesnis už Edeno sodą.

Kai Adomas ir Ieva nepaklausė Dievo, jie nebegalėjo gyventi Edeno sode. Adomas prarado visų kūrinių viešpaties valdžią, ir visi gyvūnai bei augalai taip pat buvo prakeikti. Žemė, pertekusi gerybėmis ir grožiu, taip pat buvo prakeikta. Dabar ji želdino erškėčius ir usnis, ir žmonės tik savo veido prakaitu galėjo pelnyti sau derlių ir duoną.

Nors Adomas ir Ieva nepakluso Dievui, Jis vis tiek padarė jiems drabužius iš kailių ir aprengė juos, nes jie išėjo gyventi į visai kitokią aplinką (Pradžios knyga 3, 21). Dievui turbūt gėlė širdį kaip tėvams, išsiunčiantiems savo vaikus pasiruošti savarankiškam gyvenimui. Nepaisant Dievo meilės, prasidėjus žmonijos ugdymui, žmonės greitai susitepė nuodėmėmis ir nutolo nuo Dievo.

Laiškas romiečiams 1, 21-23 sako: *"Pažinę Dievą, jie negarbino jo kaip Dievo ir jam nedėkojo, bet tuščiai svarstydami paklydo, ir neišmani jų širdis aptemo. Girdamiesi esą išmintingi, tapo kvaili ir išmainė nenykstančiojo Dievo šlovę į nykstančius žmogaus, paukščių, keturkojų bei šliužų atvaizdus."*

Dievas rodė savo apvaizdą ir meilę nuodėmingai žmonijai per išrinktąją tautą, Izraelį. Kai jie gyvendavo pagal Dievo žodį, Jis rodė nuostabius ženklus ir stebuklus bei gausiai laimino juos. Kita vertus, kai jie nutoldavo nuo Dievo, garbino stabus ir darė nuodėmes, Dievas siųsdavo daug pranašų skelbti Jo meilės.

Vienas iš šių pranašų buvo Ozėjas, gyvenęs tamsiais laikais po Izraelio padalinimo į šiaurinį Izraelį ir pietinę Judo karalystę.

Vieną dieną Dievas davė Ozėjui ypatingą įsakymą: *"Eik, imk sau žmona moterį kekšę ir turėk vaikų kekšių"* (Ozėjo knyga 1, 2). Dievobaimingam pranašui buvo neįsivaizduojama imti į žmonas kekšę. Nors Ozėjas gerai nesuprato Dievo ketinimų, jis pakluso Jo žodžiui ir vedė moterį vargu Gomera.

Jie susilaukė trijų vaikų, bet Gomera išėjo pas kitą vyrą, paklusdama savo geismui. Tačiau Dievas liepė Ozėjui mylėti savo žmoną (Ozėjo knyga 3, 1). Ozėjas susirado ją ir išsipirko už penkiolika sidabro šekelių ir pusantro homero miežių.

Ozėjo meilė Gomerai simbolizuoja Dievo meilę, parodytą mums, o Gomera, svetimaujanti moteris, simbolizuoju visus žmones, susitepusius nuodėmėmis. Kaip Ozėjas vedė kekšę, taip ir Dievas pirmas pamilo mus, susitepusius šio pasaulio nuodėmėmis.

Jis parodė begalinę meilę, vildamasis, kad visi paliks savo

mirties kelią ir taps Jo vaikais. Net kai jie draugavo su pasauliu ir atsitolino nuo Dievo, Jis nepasakė: „Jūs palikote mane, ir aš jūsų nebepriimsiu." Jis nori, kad visi sugrįžtų pas Jį, ir laukia mūsų labiau negu tėvai savo pabėgusių vaikų sugrįžimo.

Dievas paruošė Jėzų Kristų prieš amžių pradžią

Palyginimas apie sūnų palaidūną Evangelijos pagal Luką 15-ame skyriuje aiškiai parodo Dievo Tėvo širdį. Antrasis sūnus džiaugėsi turtingu gyvenimu nuo vaikystės, bet nejautė širdyje dėkingumo tėvui ir nesuprato savo gyvenimo vertės. Vieną dieną jis paprašė avansu jam priklausančios palikimo dalies pinigų. Jis buvo tipiškas išlepintas vaikais, prašantis pinigų palikimo, tėvui gyvam esant.

Tėvas negalėjo sustabdyti savo sūnaus, nes pastarasis visiškai nesuprato tėvo širdies, ir atidavė sūnui priklausantį pinigų palikimą. Sūnus apsidžiaugė ir iškeliavo. Nuo tos akimirkos tėvui skaudėjo širdį. Jį graužė sunkios mintys: „O jeigu jis nukentės? Kas bus, jeigu jis susitiks su piktais žmonėmis? Tėvas nebegalėjo ramiai miegoti, rūpindamasis savo sūnumi ir žiūrėjo į tolius, laukdamas sugrįžtančio sūnaus.

Pinigai sūnui greitai baigėsi, ir žmonės pradėjo blogai elgtis su juo. Jis atsidūrė tokiame baisiame skurde, kad troško numalšinti alkį kiaulėms šeriamomis ankštimis, bet net jų niekas jam nedavė. Dabar jis prisiminė tėvo namus. Jis sugrįžo namo, bet jam buvo taip gėda, kad jis negalėjo net galvos pakelti. Tačiau tėvas pribėgo ir pabučiavo jį. Tėvas nekaltino jo dėl nieko, bet taip džiaugėsi, kad aprengė sūnų geriausiais drabužiais, papjovė veršį ir iškėlė palaidūnui puotą. Tokia yra Dievo meilė.

Dievo meilė duodama ne tik ypatingiems žmonėms ypatingu laiku. Pirmame laiške Timotiejui 2, 4 parašyta: „*[Dievas] trokšta, kad visi žmonės būtų išganyti ir pasiektų tiesos pažinimą.*" Jis laiko atvertus išganymo vartus visą laiką ir su didžiuliu džiaugsmu priima kiekvieną sielą, sugrįžtančią pas Dievą.

Dievas kupinas nesikeičiančios meilės visiems atvėrė kelią į išganymą. Jis paruošė savo viengimį Sūnų Jėzų Kristų. Kaip parašyta Laiške hebrajams 9, 22: „*Taip pat bemaž viskas pagal įstatymą apvaloma krauju, ir be kraujo praliejimo nėra atleidimo,*" Jėzus sumokėjo už visų nusidėjėlių nuodėmes savo brangiu krauju ir gyvybe.

Jono pirmas laiškas 4, 9 kalba apie Dievo meilę: „*O Dievo meilė pasireiškė mums tuo, jog Dievas atsiuntė į pasaulį savo viengimį Sūnų, kad mes gyventume per jį.*" Dievas leido Jėzui pralieti savo brangų kraują, kad atpirktų žmoniją iš jos nuodėmių. Jėzus buvo nukryžiuotas, bet Jis nugalėjo mirtį ir trečią dieną prisikėlė, nes Jis neturėjo nuodėmės. Taip buvo atvertas išganymo kelias. Atiduoti savo viengimį Sūnų tikrai nelengva. Korėjiečių patarlė sako: „Tėvai nejaučia skausmo, net jeigu jų vaikai bado jiems akis." Daugumai tėvų vaikų gyvybė yra svarbesnė negu jų pačių.

Todėl Dievas, atiduodamas savo viengimį Sūnų, parodė mums didžiausią meilę. Dar daugiau, Dievas paruošė dangaus karalystę tiems, kas sugrįš pas Jį per Jėzaus Kristaus kraują. Kokia nuostabi Jo meilė! Tačiau Dievo meilė tuo nesibaigia.

Dievas davė mums Šventąją Dvasią, kad atvestų mus į dangų

Dievas duoda Šventosios Dvasios dovaną tiems, kas priima Jėzų Kristų ir gauna nuodėmių atleidimą. Šventoji Dvasia yra Dievo širdis. Po Viešpaties pakilimo į dangų Dievas atsiuntė Padėjėją, Šventąją Dvasią į mūsų širdis. Laiške romiečiams 8, 26-27 parašyta: *„O ir Dvasia ateina pagalbon mūsų silpnumui. Mes juk nežinome, ko turėtume deramai melsti, todėl pati Dvasia užtaria mus neišsakomais atodūsiais. Širdžių Tyrėjas žino Dvasios troškimus, kad ji užtaria šventuosius pagal Dievo norą."*

Kai mes nusidedame, Šventoji Dvasia veda mus į atgailą neišsakomais atodūsiais. Ji duoda tikėjimo stokojantiems jo ir suteikia viltį nusivylusiems. Kaip motina švelniai paguodžia savo vaikus, taip ji kalba mumyse, kad apsaugotų nuo pikto. Ji padeda mums pažinti mylinčio Dievo širdį ir veda į dangaus karalystę.

Jei giliai suprantame šią meilę, negalime neatsakyti Dievui tuo pačiu. Jeigu mylime Dievą visa širdimi, Jis atsako mums didžia ir nuostabia meile, pribloškiančia mus. Jis duoda mums sveikatą ir laimina, kad viskas mums sektųsi. Tai dvasinės karalystės dėsnis, bet dar svarbesnis yra Dievo noras, kad mes jaustume Jo meilę per palaiminimus. *„Aš myliu mane mylinčius, o manęs stropiai ieškantys mane suranda"* (Patarlių knyga 8, 17).

Ką jūs jautėte, kai pirmą kartą susitikote Dievą ir gavote išgydymą ar įvairių problemų sprendimą? Turbūt pajutote, kad Dievas myli net tokius nusidėjėlius kaip jūs. Manau, kad jūs iš visos širdies būtumėte pritarę šiems žodžiams: „Jei vandenynas būtų pilnas rašalo, o visas dangus padarytas iš popieriaus, jų neužtektų Dievo meilei aprašyti." Manau, kad jūs buvote priblokšti Dievo meilės, nes Jis davė jums amžiną dangų, kur nėra rūpesčių, širdgėlos, ligų, išsiskyrimo ir mirties. Ne mes pirmi pamilome Dievą. Dievas pirmas atėjo ir ištiesė mums savo rankas. Jis pamilo mus ne todėl, kad mes nusipelnėme meilės. Dievas taip mus pamilo, kad atidavė savo viengimį Sūnų už mus, mirčiai pasmerktus nusidėjėlius. Jis myli visus žmones, ir rūpinasi mumis visais su didesne meile negu motina, nepamirštanti savo mažylio (Izaijo knyga 49, 15). Jis laukia mūsų taip, lyg tūkstantis metų būtų tik viena diena.

Dievo meilė yra tikra ir nesikeičia, laikui bėgant. Kai nueisime į dangų išsižiosime iš nuostabos, matydami nuostabius vainikus, spindinčios plonos drobės drabužius ir dangiškus namus, pastatytus iš aukso ir brangakmenių, kuriuos Dievas mums paruošė. Jis apdovanoja mus jau šiame žemiškame gyvenime ir labai laukia susitikimo su mumis Jo amžinojoje šlovėje. Pajuskime Jo didžią meilę.

Kristaus meilė

„...*ir gyvenkite meile,
kaip ir Kristus pamilo jus
ir atidavė už mus save kaip atnašą
ir kvapią auką Dievui.*"
Laiškas efeziečiams 5, 2

Meilė turi didžiulę galią ir padaro tai, kas neįmanoma. Ypač nuostabi yra Dievo ir Viešpaties meilė. Ji gali paversti nieko dorai nesugebančius žmones į kompetentingus, galinčius padaryti bet ką. Kai neišsilavinę žvejai, mokesčių rinkėjai – tais laikas jie buvo laikomi nusidėjėliais – vargšai, našlės ir šio pasaulio atstumtieji susitiko Viešpatį, jų gyvenimas visiškai pasikeitė. Jų skurdas ir ligos pasitraukė, jie patyrė tikrąją meilę, kurios dar niekada nebuvo patyrę. Jie laikė save nieko vertais žmonėmis, bet gimė iš naujo ir tapo šlovingais Dievo įrankiais. Tai meilės galia.

Jėzus atėjo į šią žemę palikęs visą dangiškąją šlovę

Pradžioje Dievas buvo Žodis. Paskui Žodis atėjo į šią žemę žmogaus kūne. Tas Žodis yra Jėzus, vienatinis Dievo Sūnus. Jėzus atėjo į šią žemę išgelbėti nuodėmės supančiotos žmonijos, einančios mirties keliu. Jėzaus vardas reiškia *„jis išgelbės savo tautą iš nuodėmių"* (Evangelija pagal Matą 1, 21).

Nuodėmės pavergti žmonės nesiskiria nuo gyvulių (Mokytojo knyga 3, 18). Jėzus gimė tvarte, kad atpirktų žmones, kurie apleido savo pašaukimą ir buvo ne geresni už gyvulius. Jis buvo paguldytas ėdžiose, kad taptų tokių žmonių tikru maistu (Evangelija pagal Joną 6, 51). Tai leido žmonėms atgauti prarastą Dievo paveikslą ir atlikti savo tikrąją pareigą.

Evangelijoje pagal Matą 8, 20 parašyta: *„Lapės turi urvus, padangių sparnuočiai – lizdus, o Žmogaus Sūnus neturi kur galvos priglausti."* Jėzus Kristus neturėdavo kur apsistoti ir nakvodavo lauke, kęsdamas šaltį ir lietų. Jis neturėjo maisto ir daug kartų kentė alkį. Tai buvo ne todėl, kad Jis negalėjo savimi pasirūpinti. Taip jis atpirko mus iš skurdo. Antras laiškas korintiečiams 8, 9 sako: *„Jūs juk pažįstate mūsų Viešpaties Jėzaus Kristaus malonę ir žinote, jog jis, būdamas turtingas, dėl jūsų tapo vargdieniu, kad jūs taptumėte turtingi per jo neturtą."*

Jėzus pradėjo savo viešą tarnystę, paversdamas vandenį vynu Kanos vestuvėse. Jis skelbė Dievo karalystę ir darė daug ženklų bei stebuklų Judėjoje ir Galilėjoje. Daug raupsuotųjų buvo išgydyti, luošieji ėmė vaikščioti ir šokinėti, o demonų apsėstieji buvo išlaisvinti iš tamsos valdžios. Net numirėlis, keturias dienas išgulėjęs palaidotas ir pradėjęs dvokti, išėjo iš kapo gyvas (Evangelija pagal Joną 11).

Jėzus darė didžius stebuklus savo tarnystės šioje žemėje metu, kad žmonės suprastų Dievo meilę. Be to, būdamas vienos prigimties su Dievu, įsikūnijęs Žodis iki galo įvykdė Įstatymą, parodydamas mums tobulą pavyzdį. Kaip tik todėl, kad įvykdė visą Įstatymą, Jis nepasmerkė tų, kas pažeidė Įstatymą ir turėjo mirti už tai. Jis skelbė žmonėms tiesą, kad dar nors viena sielą atgailautų ir būtų išganyta.

Jeigu Jėzus vertintų kiekvieną žmogų griežtai pagal Įstatymą, niekas nebūtų išgelbėtas. Įstatymas yra Dievo įsakymai, ką mums daryti ir ko nedaryti, ką atmesti ir ko laikytis. Pavyzdžiui: „švęsk šabo dieną, negeisk savo artimo namų, gerbk savo tėvus, atmesk visa pikta." Visų įsakymų galutinis tikslas yra meilė. Jeigu laikysitės visų įsakymų ir nurodymų, jūs vadovausitės meile, bent jau išoriškai.

Dievas nori, kad mes vykdytume Įstatymą ne tik darbais, bet ir su meile savo širdyje. Jėzus puikiai pažinojo Dievo širdį ir meile įvykdė Įstatymą. Vienas geriausių pavyzdžių sugautos svetimaujant moters atvejis, aprašytas aštuntame Evangelijos pagal Joną skyriuje. Vieną dieną Rašto aiškintojai ir fariziejai atvedė moterį, sugautą svetimaujant, pastatė ją viduryje ir paklausė Jėzaus: „*Mozė mums Įstatyme yra liepęs tokias užmušti akmenimis. O tu ką pasakysi?*" (Evangelija pagal Joną 8, 5). Jie uždavė šį klausimą, norėdami apkaltinti Jėzų. Ką sugautoji moteris jautė tą akimirką? Turbūt jai buvo labai gėda, kad jos nuodėmė buvo atskleista visų akivaizdoje, ir ji drebėjo iš baimės, nes turėjo būti užmušta akmenimis. Jeigu Jėzus pasakys: „Užmuškite ją", jos gyvybė užges po daugybės akmenų smūgių. Tačiau Jėzus neliepė bausti jos pagal Įstatymą, bet pasilenkęs kažką rašė pirštu ant žemės. Tai buvo nuodėmės, kurias žmonės daro kiekvieną dieną. Surašęs jų nuodėmes, Jėzus atsitiesė ir pasakė: „*Kas iš jūsų be nuodėmės, tegu pirmas sviedžia į ją akmenį*" (7-a eilutė) ir vėl pasilenkęs rašė ant žemės.

Šį kartą Jis rašė kiekvieno ten buvusiojo nuodėmes, lyg būtų matęs kada, kur ir kaip kiekvienas iš jų jas padarė. Graužiami sąžinės jie pasitraukė vienas po kito. Galų gale ten liko tik Jėzus ir moteris. 10-oje ir 11-oje eilutėse parašyta: „*Atsitiesęs Jėzus paklausė: ,Moterie, kur jie pasidėjo? Niekas tavęs nepasmerkė?' Ji atsiliepė: ,Niekas, Viešpatie.' Jėzus jai tarė: ,Ne aš tavęs nepasmerksiu. Eik ir daugiau nuodėmių nebedaryk.'*" Ar moteris nežinojo, kad bausmė už svetimavimą, buvo mirtis, užmušant akmenimis? Tikrai žinojo. Ji žinojo Įstatymą, bet negalėjo įveikti savo geismo. Ji laukė mirties, nes jos nuodėmė buvo atskleista, ir netikėtai patyrusi Jėzaus atleidimą, turėjo būti giliai sujaudinta! Kol prisimins Jėzaus meilę, ji negalės vėl nusidėti.

Jeigu Jėzus su meile atleido moteriai, sulaužiusiai Įstatymą, ar

Įstatymas nebegalioja, jei mylime Dievą ir savo artimą? Ne. Jėzus pasakė: „*Nemanykite, jog aš atėjęs panaikinti Įstatymo ar Pranašų. Ne panaikinti jų atėjau, bet įvykdyti*" (Evangelija pagal Matą 5, 17).

Turėdami Įstatymą galime tobuliau vykdyti Dievo valią. Jei kas nors sako, kad myli Dievą, mes negalime išmatuoti jo meilės gylio ir pločio. Tačiau galime patikrinti Jo meilę Įstatymu. Jeigu žmogus tikrai visa širdimi myli Dievą, jis vykdys Įstatymą. Tokiam žmogui nesunku laikytis Įstatymo. Be to, už teisingą Įstatymo vykdymą, jis sulauks Dievo meilės ir palaiminimų.

Jėzaus laikais Įstatymo aiškintojams nerūpėjo Dievo meilė, esanti Įstatyme. Jie stengėsi ne padaryti širdį šventą, bet laikytis taisyklių. Jei jautė pasitenkinimą ir didžiavosi, išoriškai vykdydami Įstatymą. Jie manė, kad laikosi Įstatymo, todėl iškart nuteisdavo ir pasmerkdavo tuos, kas jį pažeisdavo. Kai Jėzus paaiškino tikrąją Įstatymo prasmę ir mokė apie Dievo širdį, jie sakė, kad Jėzus neteisus ir demonų apsėstas.

Fariziejai neturėjo meilės, todėl uolus Įstatymo laikymasis neatnešė jų sieloms jokios naudos (Pirmas laiškas korintiečiams 13, 1-3). Jie neatmetė pikto savo širdyje, tik teisė ir smerkė kitus, toldami nuo Dievo. Galiausiai fariziejai padarė didžiausią nuodėmę. Tai buvo Dievo Sūnaus nukryžiavimas, kuris negalėjo būti atšauktas.

Jėzus atpirko mus ant kryžiaus, būdamas paklusnus iki mirties

Trejų metų tarnystei artėjant į pabaigą, Jėzus nuėjo į Alyvų kalną prieš pat savo kančių pradžią. Gilią naktį Jėzus karštai meldėsi, žinodamas, kad bus nukryžiuotas. Jo malda buvo šauksmas už visų sielų išgelbėjimą Jo nekaltu krauju. Tai buvo malda, prašanti jėgos įveikti kančias ant kryžiaus. Jis labai karštai meldėsi, ir Jo prakaitas kaip kraujo lašai krito ant žemės (Evangelija pagal Luką 22, 42-44).

Tą naktį Jėzus buvo kareivių suimtas ir vedžiojamas tardyti iš vienos vietos į kitą. Galų gale Piloto teismas nubaudė Jį mirties bausme. Romos kareiviai uždėjo Jam erškėčių vainiką, spjaudė į Jį ir mušė, prieš nuvesdami į bausmės vietą (Evangelija pagal Matą 27, 28-31).

Jo kūnas buvo apsipylęs krauju. Visą naktį kentėjęs patyčias ir mušimą Jis ėjo į Golgotą, nešdamas medinį kryžių. Didelė minia sekė Jį. Neseniai ji sveikino Jį, šaukdama: „Osana", bet dabar minia šaukė: „Ant kryžiaus Jį!" Jėzaus veidas buvo toks kruvinas, kad niekas nebūtų jo atpažinęs. Jo jėgos buvo išsekę nuo kankinimų, ir Jam buvo nepaprastai sunku žengti kiekvieną žingsnį.

Atėjęs į Golgotą Jėzus buvo nukryžiuotas, kad sumokėtų už mūsų nuodėmes ir atpirktų mus, prakeiktus Įstatymo, sakančio, kad atpildas už nuodėmę yra mirtis (Laiškas romiečiams 6, 23). Jis buvo pakabintas ant medinio kryžiaus ir praliejo savo kraują. Jis atleido mūsų nuodėmes, kurias padarome mintimis, kentėdamas erškėčių vainiko keliamą skausmą. Jo rankos ir kojos buvo prikaltos už mūsų nuodėmes, kurias padarome rankomis ir kojomis.

Kvaili žmonės tyčiojosi iš Jėzaus, kabančio ant kryžiaus (Evangelija pagal Luką 23, 35-37). Kentėdamas nepakeliamą skausmą, Jėzus meldė atleidimo tiems, kas jį nukryžiavo, kaip parašyta Evangelijoje pagal Luką 23, 34: „*Tėve, atleisk jiems, nes*

jie nežino, ką darą."
Nukryžiavimas yra viena iš žiauriausių mirties bausmių. Pasmerktas nukryžiavimui žmogus kankindavosi ilgiau negu nuteistieji kitokiomis mirties bausmėmis. Rankų ir kojų prikalimas palikdavo atviras žaizdas. Mirštantysis kentėdavo nuo dehidratacijos ir kraujotakos sutrikimo. Palaipsniui tai pakerta vidaus organų funkcijas. Mirštantysis kenčia ir nuo kraujasiurbių vabzdžių, kurie apspinta jį, užuodę kraują.

Apie ką Jėzus galvojo, prikaltas prie kryžiaus? Ne apie nepakeliamą savo kūno skausmą, bet apie žmonių sukūrimo bei ugdymo šioje žemėje tikslą ir tai, kodėl Jis turėjo tapti permaldavimo auka už žmonijos nuodėmes. Padėkos malda kilo iš Jėzaus širdies.

Jėzus šešias valandas kentėjo skausmą ant kryžiaus, paskui tarė: *"Trokštu!"* (Evangelija pagal Joną 19, 28). Tai buvo dvasinis troškulys, noras išgelbėti sielas, einančias mirties keliu. Galvodamas apie daugybę sielų, kurios ateityje gyvens šioje žemėje, Jis prašė mūsų skelbti kryžiaus žinią ir gelbėti sielas.

Pagaliau Jėzus tarė: *"Atlikta!"* (Evangelija pagal Joną 19, 30) ir paskutinį kartą atsiduso pasakęs: *"Tėve, į tavo rankas atiduodu savo dvasią"* (Evangelija pagal Luką 23, 46). Jis atidavė savo dvasią į Dievo rankas, nes atliko savo pareigą, atverdamas išganymo vartus visai žmonijai, tapęs jos permaldavimu. Tą akimirką buvo įvykdytas didingiausios meilės aktas.

Jėzaus mirties akimirką nuodėmės siena, stovinti tarp Dievo ir mūsų, buvo sugriauta, ir mes galime tiesiogiai bendrauti su Dievu. Prieš tai vyriausiasis kunigas turėdavo atnašauti auką už žmonių nuodėmes, bet dabar nebereikia. Kiekvienas tikintis į Jėzų Kristų gali įeiti į Dievo šventovę ir garbinti Jį tiesiogiai.

Jėzus ruošia dangaus buveines su meile

Prieš eidamas ant kryžiaus, Jėzus papasakojo savo mokiniams apie tai, kas bus. Jis pasakė jiems, kad prisiims kryžių ir įvykdys Dievo Tėvo planą, bet mokiniai vis tiek buvo susirūpinę. Tuomet Jis papasakojo apie dangaus buveines, kad juos paguostų. Evangelija pagal Joną 14, 1-3 sako: *„Tegul neišsigąsta jūsų širdys! Tikite Dievą, tikėkite ir mane! Mano Tėvo namuose daug buveinių. Antraip argi būčiau sakęs: 'Einu jums vietos paruošti!'? Kai nuėjęs paruošiu, vėl sugrįšiu ir jus pas save pasiimsiu, kad jūs būtumėte ten, kur ir aš."* Jis įveikė mirtį ir prisikėlė, o paskui pakilo į dangų daugybės žmonių akivaizdoje. Jis nuėjo paruošti mums dangaus buveinių. Ką reiškia žodžiai „Einu jums vietos paruošti"?

Jono pirmas laiškas 2, 2 sako: *„Jis yra permaldavimas už mūsų nuodėmes, ir ne tik už mūsų, bet ir už viso pasaulio."* Tai reiškia, kad bet kas gali patekti į dangų per tikėjimą, nes Jėzus sugriovė nuodėmės sieną tarp Dievo ir mūsų.

Taip pat Jėzus pasakė: „Mano Tėvo namuose daug buveinių," tai reiškia, Jis nori, kad visi gautų išgelbėjimą. Jis sakė, kad daug buveinių yra ne danguje, bet Mano Tėvo namuose, nes mes galime kreiptis į Dievą „Abba, Tėve" per brangią Jėzaus kraujo auką.

Viešpats ir dabar nuolat užtaria mus. Jis karštai meldžiasi priešais Dievo sostą nevalgydamas ir negerdamas (Evangelija pagal Matą 26, 29). Jis meldžiasi, kad mes pasiektume pergalę ugdydami save šioje žemėje ir atskleistume Dievo šlovę, mūsų sieloms klestint.

Be to, kai vyks Paskutinysis teismas prie didelio balto sosto, žmonijos ugdymui pasibaigus, Jis bus mūsų pusėje. Kiekvienam bus paskelbtas neklystantis nuosprendis už viską, ką jis padarė, bet Viešpats bus Dievo vaikų gynėjas ir pareikš: „Aš nuploviau jų nuodėmes savo krauju, kad jie gautų buveines ir apdovanojimus danguje." Jis atėjo į šią žemę ir pats patyrė viską, ką žmonės patiria, todėl bus žmonių advokatas. Kaip suprasti Kristaus meilės gelmes?

Dievas pasakė, kad myli mus, per savo viengimį Sūnų Jėzų Kristų. Tai meilė, su kuria Jėzus išliejo iki paskutinio lašo savo kraują už mus. Tai besąlygiška ir nesikeičianti meilė, atleidžianti septyniasdešimt kartų po septynis kartus. Kas gali mus atskirti nuo šios meilės?

Laiške romiečiams 8, 38-39, apaštalas Paulius skelbia: „*Aš juk esu tikras, kad nei mirtis, nei gyvenimas, nei angelai, nei kunigaikštystės, nei dabartis, nei ateitis, nei galybės, nei aukštumos, nei gelmės, nei jokie kiti kūriniai negalės mūsų atskirti nuo Dievo meilės, kuri yra mūsų Viešpatyje Kristuje Jėzuje.*"

Apaštalas Paulius suprato Dievo ir Kristaus meilę, jis atidavė visą savo gyvenimą Dievo valios vykdymui ir apaštalavimui. Be to, nepaisydamas pavojaus gyvybei jis evangelizavo pagonis. Jis gyveno Dievo meile, kuri atvedė daugybę sielų į išganymo kelią.

Nors jį vadino „nazariečių sektos vadovu", Paulius pašventė savo gyvenimą pamokslavimui. Jis skelbė visam pasauliui neišmatuojamai gilią ir plačią Dievo ir Viešpaties meilę. Meldžiuosi Viešpaties vardu, kad jūs taptumėte ištikimais Dievo vaikais, kurie vykdo Įstatymą su meile ir amžinai gyvens nuostabiausioje dangaus buveinėje, Naujojoje Jeruzalėje, dalindamiesi Dievo ir Kristaus meile.

Autorius:
Dr. Džeirokas Li

Dr. Džeirokas Li gimė 1943 metais Korėjos respublikos Kjong-nam provincijos Muano mieste. Jam sukakus dvidešimt metų, jis septynis metus sirgo daugybe nepagydomų ligų ir laukė mirties be išsigydymo vilties. Tačiau 1974 m. jo sesuo nuvedė jį į vieną bažnyčią, ir, kai jis atsiklaupė pasimelsti, Gyvas Dievas iš karto jį išgydė nuo visų ligų.

Tą akimirką per šį stebuklingą atvejį dr. Li susitiko su Gyvuoju Dievu, jis pamilo Dievą visa savo širdimi ir 1978 m. jis buvo pašauktas Dievo tapti Jo tarnu. Jis karštai meldėsi, norėdamas aiškiai sužinoti Dievo valią, visiškai ją įvykdyti ir paklusti visam Dievo Žodžiui. 1982 m. jis įsteigė Manmin Centrinę Bažnyčią Seule, Korėjoje ir nuo to laiko joje vyksta nesuskaičiuojami Dievo darbai – antgamtiški išgydymai ir stebuklai.

1986 m. Kasmetinės Korėjos Jėzaus Bažnyčios „Sungkiul" Asamblėjos metu dr. Li buvo įšventintas pastoriumi, o 1990 m. – praėjus tik keturiems metams – jo pamokslai buvo transliuojami Australijoje, Rusijoje, Filipinuose ir daugelyje kitų šalių Tolimųjų Rytų Transliacijų Kompanijos, Azijos Transliacijų Stoties ir Vašingtono Krikščionių Radijo Sistemos dėka.

Po trijų metų, 1993, Manmin Centrinė Bažnyčia buvo išrinkta Amerikos žurnalo „*Christian World*" viena iš „50 Pasaulio Geriausių Bažnyčių", ir jis gavo teologijos garbės daktaro laipsnį Krikščionių Tikėjimo Koledže, Floridoje, JAV, o 1996 m. Teologijos seminarijos „Kingsway" (Ajova, JAV), tarnautojo daktaro laipsnį.

Nuo 1993 m. dr. Li tapo pasaulinių misijų lyderiu daugelyje užsienio evangelizacijų Tanzanijoje, Argentinoje, Los Andžele, Baltimorėje, Havajuose, Niujorke, Ugandoje, Japonijoje, Pakistane, Kenijoje, Filipinuose, Hondūre, Indijoje, Rusijoje, Vokietijoje, Peru, Kongo Demokratinėje

Respublikoje, Izraelyje. 2002 m. Korėjos pagrindinių krikščioniškų laikraščių už savo veiklą įvairiose užsienio Didžiosiose Jungtinėse Evangelizacijose jis buvo pavadintas „pasaulinio masto pastoriumi".
2016 m. sausio mėnesio duomenimis, Manmin Centrinei Bažnyčiai priklauso daugiau negu 120,000 narių. Visame pasaulyje yra 10,000 vietinių ir užsienio dukterinių bažnyčių-filialų: daugiau negu 102 misionierių buvo paskirta darbui 23 šalyse, kurių tarpe Jungtinės Valstijos, Rusija, Vokietija, Kanada, Japonija, Kinija, Prancūzija, Indija, Kenija ir daugelis kitų.

Iki šios knygos leidimo datos dr. Li yra parašęs 100 knygų, tarp jų bestseleriai: *Patirti Amžinąjį Gyvenimą Anksčiau už Mirtį, Žinia apie Kryžių, Tikėjimo Saikas, Dangus 1 dalis, Dangus 2 dalis, Pragaras, Mano Gyvenimas Mano Tikėjimas 1 dalis, Mano Gyvenimas Mano Tikėjimas 2 dalis*, ir *Dievo Jėga*. Jo darbai buvo išversti daugiau negu į 75 kalbas.

Jo krikščioniški straipsniai yra spausdinami šiuose leidiniuose: „*The Hankook Ilbo*", „*The JoongAng Daily*", „*The Chosun Ilbo*", „*The Dong-A Ilbo*", „*The Munhwa Ilbo*", „*The Seoul Shinmun*", „*The Kyunghyang Shinmun*", „*The Hankyoreh Shinmun*", „*The Korea Economic Daily*", „*The Korea Herald*", „*The Shisa News*", ir „*The Christian Press*".

Šiuo metu Dr. Li yra daugelio misijų organizacijų ir asociacijų vadovas: Jėzaus Kristaus Jungtinė Šventumo Bažnyčia (pirmininkas), Pasaulinės Krikščionybės Prabudimų Misijos Asociacija (nuolatinis pirmininkas), Globalus Krikščionių Tinklas GCN (steigėjas ir tarybos pirmininkas), Pasaulio Krikščionių Gydytojų Tinklas WCDN (steigėjas ir tarybos pirmininkas), Tarptautinė Manmin Seminarija MIS (steigėjas ir tarybos pirmininkas).

Kitos vertingos to paties autoriaus knygos

Dangus I & II

Žavios gyvenimo aplinkos, kurioje gyvena Dangaus piliečiai, detalus aprašymas ir puikus skirtingų dangaus karalystės lygių pavaizdavimas.

Žinia apie Kryžių

Stiprus ir širdį žadinantis pamokslas visiems, kurie dvasiškai užmigo. Skaitydami šią knygą sužinosite, kodėl Jėzus yra mūsų vienintelis Išgelbėtojas ir patirsite tikrą Dievo meilę.

Pragaras

Nuoširdus pamokslas visiems žmonėms nuo paties Dievo, kuris nori, kad nei viena siela nepatektų į pragaro gelmes! Sužinosite apie visai Jums nepažįstamą pragaro gelmių realybę.

Dvasia, Siela ir Kūnas I & II

Dvasiškai supratę dvasią, sielą ir kūną, kurie yra sudedamosios žmonių dalys, skaitytojai galės pažvelgti į save ir suprasti žmonių gyvenimą. Ši knyga rodo skaitytojams, kaip tapti dieviškosios prigimties dalininkais ir gauti visus Dievo pažadėtus palaiminimus.

Tikėjimo Saikas

Kokia buveinė, karūna ir apdovanojimai laukia Jūsų Danguje? Ši knyga išmintingai ir kryptingai padės Jums nustatyti savo tikėjimo saiką ir išugdyti geriausią ir brandžiausią tikėjimą.

Pabusk, Izraeli

Kodėl Dievas nenuleidžia Savo akių nuo Izraelio nuo pat pasaulio pradžių iki šios dienos? Koks Jo planas yra paruoštas Izraeliui paskutinėmis dienomis, kai jie laukia Mesijo?

Mano Gyvenimas, Mano Tikėjimas I & II

Gardžiausias dvasinis aromatas, sklindantis iš gyvenimo, kuris žydėjo neprilygstama meile Dievui tamsių bangų, šalto jungo ir neapsakomos nevilties laikais.

Dievo Jėga

Šią knygą būtina perskaityti tiems, kurie ieško atsakymų į tai, kaip įgyti tikrą tikėjimą ir patirti stebuklų kupiną Dievo jėgą.

www.urimbooks.com

www.ingramcontent.com/pod-product-compliance
Lightning Source LLC
LaVergne TN
LVHW041812060526
838201LV00046B/1225